트럼프, 붕괴를 완성하다

BOOK
JOURNALISM

트럼프, 붕괴를 완성하다

발행일 ; 제1판 제1쇄 2019년 3월 18일
지은이 ; 안병진 발행인·편집인 ; 이연대
주간·편집 ; 김하나 제작 ; 허설
지원 ; 유지혜 고문 ; 손현우
펴낸곳 ; ㈜스리체어스 _ 서울시 종로구 사직로 67 2층
전화 ; 02 396 6266 팩스 ; 070 8627 6266
이메일 ; contact@threechairs.kr
홈페이지 ; www.bookjournalism.com
출판등록 ; 2014년 6월 25일 제300 2014 81호
ISBN ; 979 11 89864 07 1 03300

이 책 내용의 전부 또는 일부를 재사용하려면
반드시 저작권자와 스리체어스 양측의 동의를 받아야 합니다.
책값은 뒤표지에 표시되어 있습니다.

BOOK
JOURNALISM

트럼프, 붕괴를 완성하다

안병진

; 자유주의 제국의 질서 속 평형은 이미 오래전에 깨졌다. 미국을 중심으로 한 백인 인종의 헤게모니와 자신의 실리를 추구하는 트럼프는 이 해체기를 상징하고 촉진하는 카오스의 제왕이다. 트럼프는 자유주의 제국의 가식과 위선을 드러내는 정치의 조커다. 마치 영화 〈다크 나이트〉에서 조커가 배트맨이 보호하려는 온정적 자유주의 질서에 대해 신랄하게 야유하듯이 말이다.

차례

07   프롤로그 ; 트럼프가 던지는 곤혹스러운 질문들과
     죄수 운동법

21   1_ 트럼프의 시대는 일시적 일탈인가?
     세상을 뒤집을 혁명가, 블랙 스완의 등장
     트럼프는 문명 충돌론자다

41   2_ 천재 협상가인가, 개자식인가?
     중국의 트럼프 공포 신드롬
     반동적 포퓰리즘과 트위터 하이쿠의 환상적 조합
     개자식 자본주의가 낳은 포퓰리스트 배우

63	**3 _ 다크 나이트와 조커는 정말 다른가?**
	오바마와 트럼프에게는 공통점이 있다
	고상한 거짓말과 천박한 진실
77	**4 _ 트럼프의 아버지는 누구인가?**
	끈질기게 부활하는 어두운 그림자
	진보주의 시대의 트럼프, 월리스
	공화당은 21세기의 무지당이다
107	**5 _ 트럼프는 시스템에 길들여질 수 있는가?**
	과정과 절차의 파괴자, 트럼프
	상냥한 트럼프가 더 위험하다
125	**6 _ 트럼프 이후, 무엇을 준비해야 하는가?**
	트럼프는 절대, 쉽게 사라지지 않는다
	2020년 대선, 그린 뉴딜에 주목하라
143	**에필로그 ; 다가올 충격의 시대를 살아가는 법**
157	**주**
163	**북저널리즘 인사이드 ; 비관의 시대를 넘어 변화를 상상하라**

프롤로그　　　　　트럼프가 던지는
곤혹스러운 질문들과 죄수 운동법

갈수록 헷갈리는 '트럼프 수수께끼'

하노이에서 열린 2차 북미 정상 회담은 한반도를 살아가는 이들의 머릿속을 다시 혼돈으로 몰아넣었다. 트럼프를 최소한 한반도에서는 피스메이커라고 칭찬하던 사람들은 합의된 일정을 일방적으로 깨는 돌발 행동에 당혹스러워한다. 반대로 트럼프를 그저 장사꾼이라 폄하했던 이들은 김정은 위원장의 혼을 빼놓는 신출귀몰한 제갈공명이라 칭찬한다. 어제까지만 해도 트럼프를 잘 알 것 같다던 사람들은 오늘 다시 고개를 갸우뚱한다. 트럼프는 예측 불가능하다는 사실만 예측이 가능한 인물인 걸까? 바로 다음 에피소드의 전개도 알 수 없는 '미드' 시리즈 같은 트럼프 드라마를 예측할 단서는 없을까? 다가올 미래를 담담히 맞이하기에는 한반도와 세계, 그리고 개인의 생존이 달린 중차대한 문제다. 트럼프는 그 자체가 수수께끼다.

하지만 나에게는 트럼프 수수께끼를 한 방에 해결할 수학 공식은 없다. 미국 정치 전문가 행세를 하지만 정말 모르겠다. 언론으로부터 트럼프에 대한 해설을 요청받을 때마다 나는 잠시 주저하며 말을 더듬곤 한다. 전문가라는 자신감이 때로는 모호한 진리에 대해 곤혹스러운 태도를 취할 수 있는 재능을 제거한다는 작가 파커 파머Parker Palmer의 경고가 떠오르기 때문이다. 우리가 전문가들의 논평을 통해 잘 알고 있는 인물로 느끼는 트럼프는 계속해서 곤혹스러운 의문을 던지고 있다.

보통 미국 대통령들은 아무리 준비되지 않은 채 집권해도 차츰 적응하고 배워 나가며 생각을 바꾼다. 누군가는 이를 학습을 통한 성장이라고 부르고 누군가는 이를 배신이라 부른다. 역대 대통령 어느 누구도 이 물리 법칙을 피해 가지는 못했다. 하지만 트럼프는 성장 혹은 배신과 무관하다. 트럼프는 이유 없는 반항기를 겪는 청소년처럼 기존 질서를 거부한다. 일부 정치 평론가들이 집권 이후에는 포기할 것이라 예견했던 중국 때리기와 미국판 만리장성을 고집스럽게 추진한다. 오직 단기적 실익만 추구하는 것 같으면서도 다른 한편으로는 스티브 배넌Steve Bannon과 로버트 라이트하이저Robert Lighthizer를 통해 미국 안과 바깥으로 문명의 충돌을 추구한다.

트럼프는 도대체 수십 년간 단단히 구축되어 온 질서를 해체한 자리에 무엇을 건설하려는 걸까? 우리가 아는 자유 민주주의는 이제 에너지를 다 소진한 걸까? 트럼프가 상징하는 지금의 혼돈은 자유주의 질서에서의 일시적 반항과 일탈일까 아니면 새로운 시작으로 가는 한 시대의 끝일까? 걸출한 국제 정치 이론가인 존 아이켄베리John Ikenberry는 자유 민주주의 질서는 조금만 수선하면 그 어떤 대안보다 건강하다고 자신한다. 반면에 전략가 피터 자이한Peter Zeihan은 무질서라는 새판 속에서 고립주의 미국이 홀로 번영하는 시대가 열린다고 단언한다.

트럼프의 광폭 행보가 오만한 기질을 드러내기 시작하는 중국까지 흔들자 최근 일각에서는 트럼프 신격화가 진행되고 있다. 두려움에 떠는 중국학자들은 트럼프의 기이한 행보를 천재 전략가의 포석으로 해석한다. 반면 여전히 트럼프를 인정하고 싶지 않은 미국 리버럴liberal들은 미국의 장기 이익을 훼손하는 근시안으로 격하시키기 분주하다. 리버럴 성향의 심리학자들은 '개자식 이론Asshole Theory'이란 학문적 논거로 이를 뒷받침한다. 트럼프는 제갈공명인가 아니면 그저 개자식일 뿐인가?

우리를 감동에 젖게 한 오바마의 담대한 희망은 물거품처럼 사라지고 우리를 눈살 찌푸리게 하는 트럼프의 위대한 미국 비전이 세상을 배회하고 있다. 하지만 차가운 이성을 가지고 현미경을 들이대면 '담대한 희망'과 '위대한 미국'이 생각보다 유사하다는 것을 깨닫게 된다. 전혀 다른 스타일의 두 대통령은 하강하는 미국호의 연착륙을 준비하고 상승하는 중국을 억제한다는 공통의 화두를 가지고 있다. 오바마의 연설에 눈시울을 붉히던 나로서는 곤혹스럽지만 이런 의문을 던질 수밖에 없다. 트럼프는 오바마와 얼마나 다를까?

하늘 아래 새로운 건 없다. 트럼프 현상은 미국 정치의 새로운 장을 열었지만 트럼프 현상의 선구자들은 수없이 많다. 최소한 근대 중반부터만 살펴보아도 백인 인종의 배타성에 근거한 반동적 포퓰리즘으로 민주, 공화 양당제를 뒤흔든 '1960년대의 트럼프' 조지 월리스George Wallace가 있다. 반동적 포퓰리즘을 B급 할리우드 배우의 연기력으로 변주한 로널드 레이건Ronald Reagan은 80년대의 트럼프다. 반동적 포퓰리즘에 영화의 스토리텔링, 거대한 신진 정치 세력을 결합한 뉴트 깅리치Newt Gingrich 하원의장은 90년대의 트럼프다. 이들 중 트럼프 현상의 아버지는 누구인가?

트럼프의 2020 대선 패배와 트럼프주의의 생존

심지어 트럼프의 어젠다에 뼛속 깊이 공감하는 지지 기반 세력의 일부인 고졸 이하 백인 유권자들 사이에서도 피로증이 나타나고 있다. 일부 평론가들의 오해와 달리 2018년 중간 선거는 구조적으로 유리한 지형하에서도 트럼프가 패배한 선거였다. 트럼프는 사실 선거의 황제가 아니다. 다가오는 대선에서 패배해 단임에 그칠 수도 있다.

문제는 설령 트럼프가 패배하더라도 그것이 트럼프주의의 패배는 아니라는 점이다. 미국의 미래를 걱정하는 이들은 이제 어쩌면 오바마의 얼굴과 품위를 갖춘 트럼프주의와 더 힘들게 싸워야 할지 모른다.

혹은 오바마의 친절한 얼굴에 냉혹한 알고리즘으로 무장한 기업주의 제국이 기다리고 있을지도 모른다. 미국 리버럴에 대한 낭만적 환상을 가진 이들은 앞으로 한반도와 세계 질서의 미래에 대한 그들의 행보에 수많은 실망을 하게 될 것이다.

물론 한반도를 살아가는 이들은 트럼프의 장기 집권을 염원한다. 한반도 평화 체제로의 지각 변동을 열었다는 점에서 트럼프에게 노벨상을 주어도 아깝지 않다는 사람들도 있다. 하지만 우리는 앞으로 트럼프의 화려한 스펙터클 이벤트 이후 지루한 여정은 물론이고 트럼프 없는 미국의 갈팡질팡 행보를 예상해야 한다. 미·중 간 헤게모니 게임이 격화되고, 기후 변화로 인한 지구 행성의 파국이 예고되는 현실에서, 우리는 어떤 태도로 미래를 맞이해야 할까?

이 질문들에 대한 답 자체보다 답을 찾기 위한 태도와 방법이 더 중요할 수 있다. 조금 엉뚱한 비유이지만, 나는 '죄수 운동법'으로 트럼프 시대를 읽어 내야 한다고 믿는다. 몸근육 만들기에 흠뻑 빠진 내게 폴 웨이드Paul Wade의 책《죄수 운동법Convict Conditioning》은 성경이다. 죄수 운동법은 죄수들이 거친 감옥에서 맨몸으로 트레이닝하는 방식을 말한다. 죄수 운동법의 요체는 세 가지, 현장, 식별력, 융·복합이다.

우선 현장을 보자. 죄수들은 쿨한 헬스클럽이 없는 감옥이라는 거친 현장에서 체력을 키울 수밖에 없다. 지금의 세계는 수십 년간 다듬어져 온 자유주의 질서의 세상이 아니다. 만인에 대한 만인의 투쟁이 일어나는 혼돈의 현장이란 점에서 거친 감옥 세계를 닮았다. 지성주의자들의 안락한 연구실 창이 아니라 거친 전사들의 쇠창살을 통해 현실을 들여다보려고 해야 하는 시대다.

둘째로 식별력이다. 죄수 운동법은 운동의 본질적 의도를 묻는다. 단순히 근육의 부피를 늘려 마동석처럼 보이게 하는 게 목적인가, 아니면 실제로 체력을 증강시키는 것이 목적인가? 값비싼 헬스 기구와 트레이닝 시스템이 없는 감옥은 눈에 보이는 근육 증강의 환상보다는 실제 체력을 키울 수 있는 기회가 된다. 차가운 겨울과 같은 트럼프 시대는 그동안 간과한 근본적 질문을 던지고 생각할 수 있는 좋은 시기다. 지금 미국의 리버럴들은 이 식별력을 키울 중요한 겨울이라는 시간을 표피적 근육 증강에 빼앗기고 있다.

마지막으로 융·복합이다. 감옥에서는 월요일은 가슴, 화요일은 등 근육 같은 세부 프로그램을 돕는 기구들을 활용할 수 없다. 하지만 단지 철봉 하나만 있어도 동시에 모든 근육을 키울 수 있다. 탈근대 시기이자 전환기의 트럼프 시대는 세부 사항을 나누는 근대의 분절적 분석이 아니라 철봉 하나만으로 모든 것을 해결할 수 있는 융·복합적 시야를 동원해야만 전체상이 보인다.

죄수 운동법이 지적인 사람들과는 거리가 먼 주제라고 느껴진다면 주저 없이 나심 탈레브Nassim Taleb의 《안티프래질

Antifragile》과 《스킨 인 더 게임Skin in the Game》을 추천한다. 이 책들은 지성적 세계의 죄수 운동법이다. 탈근대 이론과 현장에 둘 다 능통한 나심 탈레브는 합리성, 질서, 경직성, 예측 가능성, 이론 교과서 등의 근대적 사고를 버리고 광기, 무질서, 탄력성, 불확실성, 현장 등의 탈근대적 사상으로 세상을 이해한다. 많은 미국과 국내 지식인들이 트럼프를 이해하는 데 실패하는 건 박사 논문 쓰듯이 트럼프를 이해하려고 하기 때문이다. 트럼프는 말하자면 시라소니 또는 정주영이다. 태권도 교본을 백날 연습해도 경기장이 아닌 길거리 싸움에서는 시라소니의 예측 불가능한 공격을 막아내기란 어렵다. 미국 명문대 교수의 경영학 교과서를 백날 읽어 봐야 정신 나간 짓처럼 생각된 정주영의 조선소 건립을 이해하기란 어렵다. 광기와 협잡의 시장판 등 인간의 어두운 그림자 세계에 익숙하지 않은, 세상을 진보 교과서로 배운 리버럴일수록 트럼프는 기이하게만 보인다.

트럼프와 혼돈의 시대에 대한 보다 정치 철학적인 해석을 시도하려는 이가 있다면 철학계의 죄수 운동법 전도사인 프리드리히 니체Friedrich Nietzsche일 것이다. 니체는 마치 조커가 배트맨의 기성 기득권 질서 유지 시도를 비웃는 것과 같은 철학계의 조커다. 근대로 진입해서는 블라디미르 레닌Vladimir Lenin과 칼 슈미트Carl Schmitt가 있다. 기존 정통 마르크스주의자들이 불가능하다고 비웃었던 러시아 볼셰비키 혁명의 아버지인 레닌은 인간의 광기와 불확정적인 정세 포착에 유연한 현장 이론가이기도 하다. 레닌이 좌파의 조커라면 슈미트는 우파의 조커다. 슈미트는 정통 리버럴이 중시하는 정교한 절차와 경쟁의 규칙이 사실은 적을 만들어 내야 하는 인간의 필연적 광기를 억지로 옷장에 밀어 넣은 것에 지나지 않다고 보았다. 슈미트는 무기력하고 말만 무성한 의회 민주주의 대신에 활력과 열정으로 가득 찬 파시즘의 정치를 이론화했다. 슈미트와 레닌은 오늘날 트럼프와 시진핑의 정신세계를 이해하는 길잡이가 될 수 있다.

곤혹스러운 의문에 대해 내가 주장하고자 하는 내용은 요약하면 다음과 같다. 나는 세계가 평평한 네트워크로 확장되던 제국의 질서로부터 벗어나 '질서 이탈'의 시대로 진입했다고 주장한다. 미국 국내 정치 사이클 중 질서 해체와 부조화 시기에 대한 스커러닉의 이 개념이 오늘날 국제 질서에도 적용 가능하다고 본다. 과거 네그리Antonio Negri와 하트Michael Hardt가 야심 차게 주장했던 자유주의 제국의 질서 속 평형은 이미 오래전 깨졌다. 미국을 중심으로 한 백인 인종의 헤게모니와 자신의 실리를 추구하는 트럼프는 이 해체기를 상징하고 촉진하는 카오스의 제왕이다. 트럼프는 그저 미국인의 일시적 변덕과 호기심의 실험이 아니다. 트럼프는 자유주의 제국의 가식과 위선을 드러내는 정치의 조커다. 마치 영화 〈다크 나이트〉에서 조커가 배트맨이 보호하려는 온정적 자유주의 질서에 대해 신랄하게 야유하듯이 말이다. 물론 충동적이고 자기애에 가득 찬 '개자식asshole' 심리 유형인 트럼프는 흔히 그의 역량을 과대평가하는 중국 지식인들의 분석과 달리 자신이 지금 무슨 일을 하는지 모른다.

질서 이탈 시대정신의 우연한 스피커인 트럼프는 그간 조 말론 향수로 숨겨 온 자신과 미국의 온갖 악취를 드러내며 기존 질서의 붕괴를 촉진할 것이다. 우아한 명언을 남기며 사라진 맥아더 장군이나 결국 시대 질서에 순응하며 내려온 닉슨 대통령과 달리 트럼프는 그냥 순순히 물러나지 않는다. 트럼프와 반트럼프 진영의 한 치 앞을 볼 수 없는 내전은 이미 오래전 시작되었다.

트럼프 시대 이후의 미국은 향후 진로를 놓고 세 정치 세력의 사활을 건 패권 다툼이 벌어지는 전쟁터가 될 것이다. 더 예의 바른 트럼프가 주장하는 문명 충돌론, 더 왼쪽으로 이동한 오바마 유형의 기업주의 리버럴, 기존 자유주의를 넘어서려는 알렉산드리아 오카시오 코르테즈Alexandria Ocasio-Cortez 뉴욕 하원의원으로 상징되는 포스트 자본주의의 세 가지 세력이 그들이다. 국제적으로도 미국 앞에는 혼돈의 미래가 기다리고 있다. 제국의 팽창이라는 자유주의자들의 낙관주의도 오류지만 세계 문제에서 철수하고 자족적으로 번영하는 미국이라는 자이한의 또 다른 낙관주의 또한 가능성이 낮다. 과연 현실주의자인 스티븐 월트Stephen Walt가 주장하듯이 미국은 개입과 억제 사이에서 적절한 균형점을 발견할 수 있을까? 월트의 바람과 달리 오히려 미국과 세계는 기후 변화와 양극화라는 난제 속에서 부단히 좌충우돌할 것으로 보인다. 당분간 서구식 자유 민주주의와 권위주의적 사회주의권은 자유주의 이후의 대안을 실험하며 갈등과 혼돈을 겪을 가능성이 더 높다.

인류 역사상 전례 없는 혼돈과 질서 이탈의 시대를 맞아 한반도에는 새로운 상상력, 사상, 어젠다 및 태도의 무장이 시급하다. 이제 한국의 진보와 보수들은 자신의 방을 가득 채운 '심리적 고물'들을 정리의 여왕, 곤도 마리에近藤麻理恵처럼 과감히 내다 버려야 한다.

이 책이 던지는 질문은 광범위하지만 사실은 본격적인 답을 정리하기 이전의 생각 메모에 불과하다는 것을 고백한다. 오늘날 미국에 대한 깊이 있는 주제의 단행본을 준비하던 중 이 책은 우연히 만들어졌다. 트럼프에 대한 짧지만 종합적인 리포트가 오늘날 독자들에 대한 친절한 서비스일 수 있다는 김하나 에디터의 끈기 있는 설득이 없었다면 감히 시도하지 않았을 책이다. 나는 앞서 2016년 미국 대선 캠페인 초기에 펴낸 책 《미국의 주인이 바뀐다》에서 거대한 문명적 전환이 어떻게 기업주의 국가론의 힐러리와 백인의 황혼기로 돌아가려는 트럼프의 대격돌을 낳았는지 분석한 바 있다. 이 책에는 앞선 문제의식과 핵심 주장들이 전반적으로 녹아 있다. 기본적으로 위 화두를 견지한 채 트럼프의 그간 몇 년을 돌아본 단상이다. 여기서 던진 질문들을 나는 앞으로 수년간 답을 만들어 가는 여정에서 하나의 등대로 삼고자 한다. 마지막으로 언제나 나의 글의 친절한 첫 편집장이자 엄격한 멘토인 이주영 님에게 동반 여정의 고마움을 전하고 싶다.

1 트럼프의 시대는 일시적 일탈인가?

"이 세기에 피와 본능이 자본과 지성에 대항하여 그들의 권리를 회복할 것이다. 개인주의, 자유주의, 그리고 민주주의와 인도주의, 자유가 종말을 향해 치닫는다. 대중들은 체념하는 심정으로 강한 인물인 시저의 승리를 받아들이고 복종할 것이다."
- 오스발트 슈펭글러《서구의 몰락》중에서[1]

세상을 뒤집을 혁명가, 블랙 스완의 등장

트럼프 시기의 의미는 과연 무엇일까? 내 머릿속엔 슈펭글러 Oswald Spengler의 오래된 문장이 먼저 스쳐 지나간다. 슈펭글러가 누구인가? 그는 20세기 초 전쟁의 참화 위에서 서양 문명의 근저가 되는 삶의 방식의 퇴조와 몰락을 예언한 사상가이다. 슈펭글러의 때 이른 선언에도 불구하고 유럽은 이상주의의 끝판왕인 유럽 연합EU이라는 열매를 맺었다. 심지어 제러미 리프킨Jeremy Rifkin은 오늘날 유러피언 드림을 미래의 종착지로 선언했다. 그리고 서구에서 냉전이 종료되자 프랜시스 후쿠야마Francis Fukuyama는 한 발 더 나아가 자유 민주주의의 최종적 승리와 역사의 종말을 선언하기에 이르렀다. 하지만 계절의 필연적 변화처럼 인류 역사도 가을을 지나 겨울을 맞은 것일까? 유럽 연합은 뿌리부터 흔들리고 있고 트럼프를 비롯한 복고적 포퓰리스트들이 전 세계를 휘젓고 있다. 도대체 그간 무슨 일이 벌어진 걸까?

이런 혼돈기에는 예술 매체가 진리 포착의 유용한 도구일 수 있다. 예를 들어 영화는 언제나 시대의 근본 분위기 Grundstimmung를 전위적으로 보여 준다. 크리스토퍼 놀란Christopher Nolan 감독의 배트맨 3부작 시리즈는 오늘날 혼돈의 정치 질서 지형을 잘 표현하는 새로운 정치학 교과서다. 영화 속 슈퍼 부자와 홈리스가 극단적으로 공존하는 고담Gotham시는 뉴욕, 나아가 지금 세계를 연상하게 한다. 뉴욕은 미국이 주도해 온 근대 문명의 상징인 바벨탑이다. 뉴욕은 오늘날 금융, 영화, 패션 등 모든 첨단 트렌드의 수도다. 하지만 하늘 끝을 향해 상승하는 뉴욕 마천루에는 그 높이만큼 긴 그림자가 드리워져 있다. 2008년 금융 위기에도 불구하고 씨티그룹의 성장세는 꺾일 줄 몰랐다. 씨티그룹 회장을 지낸 금융인 로버트 루빈Robert Rubin은 고삐 풀린 자본주의 제국 신자유주의의 전도사였다. 야심 찬 신자유주의 노선과 군사력이 뒷받침된 개입주의 노선을 가지고 등장했던 빌 클린턴Bill Clinton 대통령은 재임 시절 자가용 비행기를 타고 출근하는 재무장관 루빈을 아니꼬워했다. 하지만 클린턴은 마치 루빈을 비롯한 금융 자본의 이사회 노선을 매우 충실히 집행하는 CEO처럼 움직였다. 보스니아, 코소보 내전에 개입하면서 클린턴이 제일 먼저 한 일은 미국식 신자유주의 체제를 이식하는 일이었다. 소비에트의 붕괴도 제국의 물리력인 나토(NATO·북대서양 조약 기국)의 본격적 확장은 물론이고 신자유주의 체제를 사회주의 권에 이식할 절호의 기회로 인식했다. 영화 〈국가 부도의 날〉에서 1997년 한국 금융 위기에 개입한 IMF의 배후에 미국 재무부가 있었다고 묘사한 것처럼 말이다.

네그리와 하트는 클린턴 시대를 과거 영국, 네덜란드 등이 주도하며 영토를 침탈하던 제국주의imperialism 시대와 대비되는 제국empire의 시대로 적절히 이론화한 바 있다. 이들은 제국이 민족 국가, 다국적 기업, 유엔 같은 지구적 NGO 등이 결합한 하나의 혼합체로서 지구적 질서를 관리하고 유지하기 위해 적극적으로 지구적 경찰 역할을 떠맡는다고 본다. 예를 들어 걸프전 개입은 물론이고 석유 등 이해관계가 걸려 있지 않음에도 개입한 코소보, 보스니아 내전은 미국이라는 한 주권 국가의 이익을 지키기 위한 개입이라기보다는 지구적 경찰로서의 치안 유지 활동으로 더 잘 설명된다.

클린턴과 그에 이은 부시George Bush는 당적, 이념, 지지 기반 등에서 사뭇 달랐지만 공격적으로 제국을 팽창시키려는 충동에서는 비슷했다. 클린턴 정부는 확장 노선을 통해 러시아 인근은 물론이고 중국까지 신자유주의 체제에 포함시키려는 야심 찬 비전을 선보였다. 심지어 클린턴 정부의 이론적 뒷받침을 담당한 아미타이 에치오니Amitai Etzioni라는 사상가는 이 확장 시대의 사상적 기반으로서 서구와 동양 사상의 융·복합에 근거한 지구 공동체주의를 꿈꾸기도 했다. 부시 정부의 이론적 뒷받침을 담당한 레오 스트라우스Leo Strauss 분파들인 네오콘(neocon·신보수주의자)들은 보다 명시적으로 자유 민주주의에 기반을 둔 제국적 질서를 꿈꾸었다. 이들은 제국이라는 비난의 낙인을 오히려 훈장처럼 자랑스럽게 받아들이기도 했다.

제국이라는 명칭에 대한 이들의 자긍심은 미국의 초기를 되돌아보면 놀라운 변신이 아닐 수 없다. 미국은 원래 프랑스의 귀족 토크빌Alexis de Tocqueville이 목격했듯이, 대서양과 태평양으로 격리된 자족적 '세계 국가'였다. 모든 것을 자체 조달 가능하고 침략의 위험이 낮은, 그야말로 민족 국가의 유토피아였다. 비록 미국 건국의 시조들은 아메리카 원주민을 학살하며 계속 확장하는 열린 네트워크 국가를 꿈꿨지만 그 열망은 주로 미 대륙에 국한되었다. 하지만 1, 2차 세계 대전을 통해 미국은 토크빌의 찬양을 배신하며 서서히 제국적 충동을 발전시켜 갔다. 시어도어Theodore Roosevelt와 프랭클린 루스벨트Franklin Roosevelt라는 두 보수, 진보 대통령은 미국을 제국으로 도약시킨 투톱이라 할 수 있다. 전자가 문어발 자본을 효율화해 자본주의의 혁신을 만들어 내고 해군력의 확장을 통해 제국적 진출의 토대를 닦았다면, 후자는 뉴딜New Deal과 마셜 플랜Marshall Plan, IMF 등을 구축해서 미국 주도의 제국적 질서를 완성했다. 뉴딜과 마셜은 레닌의 볼셰비키 혁명과 히틀러의 파시즘이 유럽과 미국으로 전염되는 것을 효과적으로 막는 방파제였다. 그리고 루스벨트 이후 본격화된 공산권과의 투쟁에서 미국은 자유 민주주의의 보편성을 확장해 나가면서 동시에 비민주적으로 공산주의의 적과 싸워야 하는 모순적 과제를 비틀거리면서도 성공적으로 완수했다. 결국 비효율적 경제 시스템과 제국적 충동의 과잉이라는 내적 모순을 견뎌 내지 못한 소비에트의 팽창주의 제국은 레닌의 우파 후계자인 고르바초프Mikhail Gorbachev의 급진 개혁을 계기로 스스로 무너져 내렸다.

네그리와 하트의 오류는 제국의 핵심적 특징을 보여 준다고 생각한 클린턴 집권기야말로 제국이 흥청망청 마지막 파티를 열었던 시기라는 점을 놓쳤다는 사실이다. 지금은 모두가 잊었지만 1970년대 후반 지미 카터Jimmy Carter 시절 이미 미국의 실질적인 경제 성장률은 다른 선진 자본주의와의 경쟁 격화, 임금 상승 속에서 내리막길을 걷기 시작했다. 그리고 지미 카터는 지구 행성을 착취하는 화석 중독 경제의 위험성을 경고하다가 최악의 연설이라는 불명예스러운 호칭을 받아야 했다. 사실 앞선 1965년 린든 존슨Lyndon Johnson도 오늘날 기후 변화의 부작용을 의회에서 강력히 경고한 바 있다. 이들 대통령 뒤에는 로마 클럽과 같은 예지력을 갖춘 시민 사회가 있었다. 하지만 미국은 이들의 조기 경보를 무시하고 무제한의 성장과 소비 파티를 즐겼다. 네그리가 일시적인 거친 질주라고 평가하며 다시 제국의 세련된 작동 논리로 돌아올 것이라고 전망했던 부시의 광폭 행보 시절은 사실 제국이 본격적으로 가파르게 내리막길을 걷기 시작한 시기였다.

이 시점에서 돌아보면 이매뉴얼 월러스타인Immanuel Wallerstein과 찰머스 존슨Chalmers Johnson이 옳았다. 그들은 네그리와 하트보다는 더 정확하게 제국의 흥망성쇠와 허장성세를 예리하게 들여다보았다. 과거 사회주의의 붕괴를 놀랍게 예언한 월러스타인은 이제 구조적 위기의 본격화와 평형의 붕괴라는 키워드로 자본주의 제국의 미래를 예견한다. 월러스타인은 2013년 시스템 과학 이론을 응용하여 자신의 자본주의 사이클 결정론을 완화한 바 있다. 그는 《자본주의는 미래가 있는가》라는 공저에서 이미 자본주의는 구조적 위기 심화로 수십 년간의 평형 상태가 깨졌다고 진단한다. 구조적 위기라는 의미는 자본 간 경쟁 격화 및 생태적, 사회적 비용의 증가로 자본 축적에 필요한 비용이 지속적으로 상승하고 기존 정부들은 이를 감당하기 어렵다는 의미다. 이제는 평형의 복원력보다 해체의 원심력이 더 커져 구조적 위기가 만성화되었고, 후속 체제를 위한 각 세력의 이행기 투쟁이 시작되었다.

월러스타인이 평형의 붕괴를 분석했다면 존슨은 백래시Backlash를 들여다보았다. 존슨이 보기에 제국적 질서의 욕망과 구축 시도는 안과 밖의 배제와 충돌, 욕망 조절 실패를 필연적으로 동반한다. 클린턴 시기는 안으로는 고삐 풀린 고도 금융 자본의 과잉 확장 속에서 경제 위기와 신자유주의 레짐에 저항하는 세력의 잔혹한 배제를 시도했다. 흔히 2008년 경제 위기의 주범으로 부시를 말하지만 실은 클린턴 시기의 규제 완화와 투기 바람은 경제 위기의 단초를 제공하고 있었다. 클린턴은 미국식 삶의 방식을 개선하기는커녕 오히려 마지막 파티를 벌였다. 동시에 아프리카계 미국인이 자신들의 대통령이라고 불렀던 클린턴 시기는 스리 스트라이크 아웃 법(Three Strike Out Law·세 번 범죄를 저지르면 종신형에 처하는 법) 등 사회적 약자의 범죄에 대한 처벌의 패러다임이 정교하게 구축된 시기이기도 하다. 미국식 모델에 근거한 네트워크화라는 급진적 유토피아는 중부 유럽, 러시아 등 전 세계에서 양극화라는 백래시를 불러오면서 전체주의에 대한 향수를 낳았다. IMF의 권고가 한국을 초경쟁 자본주의 정글로 전환시킨 것을 떠올리면 충분히 이해할 수 있을 것이다. IMF와 클린턴은 나중에 가서야 천연덕스럽게 '우리 제안이 너무 나간 건가' 하는 실토를 하고 있다. 이미 파티가 종료된 줄 모른 부시는 9.11 테러 사건을 빌미로 20세기 초 제국적 확장기의 게임을 즐기다가 결국 이라크 전쟁의 수렁에 빠지고 2008년 경제 위기를 낳고 말았다.

무너지는 고담시의 곤경을 구할 영웅으로서 오바마가 혜성처럼 등장했다. 하지만 애초에 오바마는 자신의 담대한 희망이란 구호를 실제로 믿을 만큼 어리석었다. 비록 주변에 탁월한 월가 금융 전문가를 둔 덕분에 2008년 경제 위기를 예측했지만, 그는 구조적 위기의 특성을 이해하지는 못했다. 사실 오바마는 제2의 루스벨트라기보다는 영국 제국 퇴조기에 단명한 노동당 윌슨Harold Wilson 총리의 운명에 더 가까웠다. 나는 당시 《프레시안》 칼럼에서 취임 전 루스벨트의 100일을 연구하는 오바마를 보고 조소를 보낸 바 있다.[2] 오바마의 단견은 미국 내부에만 국한되지 않는다. 존 주디스John Judis가 2018년 《민족주의의 부활The Nationalist Revival》에서 지적한 것처럼, 오바마는 우크라이나와 조지아까지 나토를 확장하자는 전임 부시 대통령의 지지 요청을 손쉽게 승인했다. 오바마는 지금은 제국의 지나친 확장 노선을 연장할 때가 아니라 질서 있게 퇴각할 때라는 인식을 취임 초기에는 가지지 못했다.

오바마의 임기가 본격 시작되자 그가 꿈꾼 담대한 희망이란 사실 의료 보험 개혁 정도라는 것이 드러났다. 물론 그는 정권의 명운을 걸고 용감히 뛰어들었지만 사실 내용적으로는 보수 재단인 헤리티지 재단의 어젠다를 구현한 것에 지나지 않았다. 마찬가지로 망가진 자본주의를 고치기 위한 월스트리트 개혁 법안인 도드 프랭크 법[3]도 애초보다 훨씬 보수적으로 땜질된 채 종결되었다. 월가의 충실한 관리자인 가이트너Timothy Geithner 재무장관은 위기의 관리에만 급급했다. 결국 미국 주류 언론이 한국 자본주의를 비난할 때 쓰는 대마불사라는 표현이 미국의 금융 자본들에게 적용되었다.

물론 이러한 한계를 두고 오바마의 소심함만을 탓하기 어렵다. 그의 정치 자본과 의회 내 지형의 취약함, 그리고 오바마를 문명의 적으로 규정하는 공화당의 극단적 방해 같은 요인은 임기 내내 오바마를 괴롭혔다. 반면에 오바마 왼쪽에 있어야 할 의원들은 너무 적었고 외부의 강력한 사회 운동도 존재하지 않았다. 클린턴도 그랬지만 오바마도 과거 링컨이나 루스벨트가 누린 전환적 운동 에너지의 행운이 따르지 않은 것이다.

백악관에 입성한 오바마는 국내 개혁은 물론이고 국제 관계에서도 담대한 희망보다는 질서 있는 퇴각이 필요한 시대라는 걸 점차 깨달아 갔다. 오바마의 중동에서의 발 빼기와 아시아 회귀 전략은 클린턴의 확장 및 중국 견인 노선과의 결별을 의미한다. 오바마가 시리아 내전에 본격적인 개입을 거부한 사실과 이란과의 핵 위기를 봉합한 점에 대해 당시 많은 보수주의자들은 유약하다고 비난했다. 하지만 이들은 이제 미국이 과거 청년기와 달리 꿈의 크기를 줄이고 중년기의 쓸쓸함에 익숙해져야 한다는 걸 이해하지 못한다.

지금 시점에서 지난 대선을 회고해 보면, 이 퇴조기라는 큰 맥락 속에서 힐러리의 재등판은 애초부터 매우 어색하다. 이미 힐러리는 2008년 새천년 세대와 다인종 연합의 후보인 오바마에게 패배한 바 있다. 힐러리는 여성이라는 정체성을 제외하고는 오바마 시대의 한계를 넘어 새로운 미래로 가는 리버럴이 아니라 이전 시대로의 복귀를 상징한다. 힐러리는 매파인 매케인과 친교를 나누며 강력한 총사령관으로서의 이미지를 만들었지만 시대는 준비된 대통령을 원하지 않았다. 월가 점령 시위Occupy Wall Street와 티 파티Tea party 운동의 결과로서 시민들은 기성 질서를 뒤집을 혁명가를 원했다.

처음에 힐러리에 맞서는 트럼프의 등장은 블랙 코미디의 소재였다. 심지어 트럼프 가족도 트럼프 대통령이라는 미래를 심각하게 생각한 것 같지 않다. 트럼프의 전략가이자 극단적 음모론자인 스티브, 배넌이 트럼프의 당선을 장담한다고 한 말에 귀 기울일 정도로 트럼프 주변은 미치지 않았다. 하지만 놀랍게도 트럼프는 배트맨 영화의 조커처럼 기존 체제의 불편한 진실을 드러내는 희한한 역할을 하면서 부상하기 시작했다. 하루는 월가 체제를 공격했다가 하루는 제국적 개입주의를 건드렸다. 우리는 북미 정상 회담 직후 트럼프가 한미 군사 훈련을 위험한 워 게임War Game이라고 공격하던 충격적 장면을 기억한다. 나는 그 순간 트럼프가 혹시 김정은이 세운

맨추리안 켄디데이트The Manchurian Candidate[4]가 아닌가 하는 환상에 빠질 정도로 놀랐다. 지금까지 미국 대선 역사상 트럼프는 가장 충격적인 블랙 스완Black Swan[5]이었다.

트럼프는 문명 충돌론자다

트럼프가 당선되었을 때 국내외 많은 전문가들은 어차피 그의 과격함은 선거 승리를 위한 전략에 지나지 않는다며 취임 후 곧 정상을 찾을 것이라 예측했다. 백악관에서의 학습 경험이 실용주의자인 그를 바꾸어 놓을 것이라 많은 이들이 단언했다. 하지만 예측과 달리 2018년 중간 선거 패배 이후에도 트럼프는 별로 달라진 것이 없다. 2019년 새해 국정 연설에서 트럼프는 초반에 초당적 타협을 주장하는 듯 선회하다가 다시 국경 장벽을 세우자는 급진적 주장으로 돌아가곤 했다. 트럼프 이전의 모든 대통령은 취임 후 온건해지는 물리 법칙을 피해가지 못했다. 강경 보수주의자로 널리 알려진 레이건조차 집권 후 너무 말랑말랑해져서 네오콘들의 불만을 샀다. 심지어 닉슨은 중국과의 화해 시도로 집토끼들 사이에서 간첩 취급까지 받았다. 트럼프는 왜 예외인 걸까? 예측은 왜 빗나간 걸까?

지금은 리버럴이 부활을 염원하는 프랭클린 루스벨트도, 보수주의자들이 꿈꾸는 시어도어 루스벨트도 불가능한 시대다. 제국의 상승기가 아니라 하강기이기 때문이다. 레이건 시절만 하더라도 비록 양극화가 심화되는 추세였지만 여전히 '미국의 아침Morning in America'을 대표 구호로 내세울 수 있었다. 그러나 트럼프 시대에는 디스토피아의 분위기가 지배한다. 지금의 하강기는 자본주의의 구조적 위기와 평형의 불가역적인 붕괴로 인해 불타오르는 증오감, 격렬한 갈등과 혼돈, 그리고 불확실성의 시기다.

이 디스토피아에는 칸트류의 계몽주의적 낙관이 아니라 니체, 슈펭글러의 서양 문명에 대한 회의주의가 지배한다. 이 시대의 시대정신을 표현하는 키워드는 분노, 냉소, 혐오, 공포, 절망이다. 이 서구 몰락의 시대정신은 스스로 시대의 주인이라고 믿었던 백인 노동자들에게 공포감을 불러일으켰고, 위대한 리더의 부활을 꿈꾸게 했다. 그들은 삶의 방식, 제조업 직장, 지위 등 모든 것이 부정당하는 현실에 발버둥 친다.

특히 미국의 전통적 복음주의자들은 자신의 도덕주의적 가치가 지배하는 고대 사회를 꿈꾼다. 사실 미국 보수의 대부인 레오 스트라우스는 미국을 소비에트와 같은 근대 컨베이어 벨트 사회가 아니라 고대적 덕성을 갖춘 근육질의 사회로 만들고자 했다. 스트라우스는 고대 로마의 원로원에 해당하는 상원과 같은 제도가 존재하는 미국의 고대적 특성을 찬양했다. 이런 특징을 더욱 확장시키는 열망이 스트라우스의 철학을 관통한다. 이들에게는 트럼프의 난봉꾼 기질이나 속

물근성이 전혀 중요하지 않다. 단지 트럼프가 자신들의 복고적 유토피아를 실현할 도구일 수 있는가 하는 기준만이 중요할 뿐이다. 카지노 자본주의의 가장 속물적인 특징을 가진 트럼프를 수단으로 한 고대 덕성으로의 복귀라니 기이한 조합인 셈이다. 트럼프를 뒷받침하는 집토끼인 기독교 근본주의 진영, 사위인 재러드 쿠슈너Jared Kushner를 매개로 한 친이스라엘 강경 우파, 피터 나바로Peter Navarro 백악관 무역 제조업 정책 국장을 중심으로 한 신중상주의 진영, 그리고 스티브 배넌의 극우 포퓰리스트 진영은 저마다의 다양한 스펙트럼과 실리를 추구한다. 하지만 이들은 모두 공통적으로 문명 충돌론이란 접착제로 느슨하게 연결되어 있다.

트럼프는 이 문명 충돌론의 시대 분위기를 타고 과거로 가는 역주행의 대변자에 불과하다. 국내적으로는 권위주의적 정치와 문화, 타자에 대한 폭력적 정서가 강화되고 대외적으로는 미국 우선주의와 서구 문명의 배타적인 블록이 강조된다. 1930년대의 미국은 자신감을 가진 상승기였기 때문에 파시즘이 아니라 뉴딜을 택했다. 하지만 오늘날 하강하는 미국과 전 지구적 자본주의의 구조적 모순, 더 나아가 지구 환경 파괴 문제는 경쟁의 격화 및 새로운 파시즘의 토양이다. 트럼프의 파시즘에 대한 충동은 이러한 시대 분위기를 배경으로 에너지를 얻는다.

다른 한편으로 시진핑의 권력 연장을 개인의 권력욕으로만 이해하는 이들은 지금의 전 지구적 지형에 대해 이해할 필요가 있다. 시진핑의 시도는 이 평형 붕괴 시대에 대한 중국 공산당의 필사적 생존 전략이다. 마치 과거 자본주의와의 사활을 건 내전에서 레닌이 프롤레타리아 독재론을 선택했듯이 말이다. 겉으로는 강해 보이지만 고독한 트럼프와 시진핑은 아마 서로에 대해 연민의 정이 많을 것이다.

사업가인 트럼프는 항상 실리를 추구한다는 평가가 있다. 반은 맞고 반은 틀리다. 이 실리는 로버트 라이트하이저와 피터 나바로를 중심으로 한 중국 때리기로 상징되듯 중국 등 타자에 대한 악마화와 배타적 블록화를 동반한다. 트럼프는 오늘날 호주, 영국 등의 서구 문명권을 동원하고 힌두 문명권인 인도까지 끌어들여 중국 봉쇄에 나서고 있다. 중국을 고립시키기 위한 트럼프의 인도·태평양 전략이나 반대로 남미의 히스패닉 문명권에 대한 중국의 구애는 헌팅턴의 문명의 충돌 테제를 연상시킨다.

물론 지금 시점에서 미국과 중국 간의 문명 충돌이 무제한적으로 확산되기는 어렵다. 미국의 주가와 미국의 기업들이 중국에 의존하는 것처럼 세계의 네트워크가 연동되어 있기 때문이다. 《뉴욕타임스》의 잭 니카스Jack Nicas 기자는 최근 애플의 추락이 겨우 나사 수급 부족에서 비롯되었다는 흥미로운 분석을 실었다. 니카스는 아직까지 중국은 10만 명을 금방 모아 철야 작업을 시킬 수 있는 나라인데 이런 나라에 미국 기업들이 의존할 수밖에 없는 불편한 진실을 지적한다. 아직은 어떤 나라도 중국의 규모와 기술과 인프라, 저비용이 결합된 이익을 따라갈 수 없다.[6] 당분간 미국은 중국 때리기와 중국 의존이 동시에 일어나는 신경 발작적 상황을 겪을 수밖에 없다. 세계 체제의 사슬에 결박된 중국도 미국 기축 통화가 아직 건재하는 한 미국 때리기와 미국 의존을 동시에 진행해야 한다. 신중하게 돌아보면 오늘날 미국 내 중국 때리기의 유행에도 불구하고 중국을 세계 자본주의 체제에 접속시킨 시도 자체는 미국의 입장에서 신의 한 수가 아닐 수 없다. 물론 좀 더 정교한 길들이기에는 실패했지만 말이다.

  과연 트럼프는 과거 질서로부터 이탈하여 새로운 질서를 세우는 데 성공할까? 결론적으로 말하자면 성공하기 어렵다. 트럼프는 제국을 확장하고자 한 클린턴이나 부시 노선을 거부했다. 뒤늦게 수선하며 연착륙하고자 한 오바마 노선도 거부했다. 그나마 외관이 비슷한 것은 스티븐 월트류의 현실주의 노선이다. 이 현실주의 노선은 미국의 질서 있는 퇴각, 불가피할 경우의 매우 절제된 개입을 추구한다. 하지만 트럼프는 월트와 달리 난폭한 질주를 하고 있다. 트럼프 노선을 현실주의로 오해하는 이들을 상대로 월트는 최근 저서 《선의의 지옥Hell of Good Intention》에서 트럼프 방식은 잘못된 문제 해결의 전형이라고 완전히 거리를 두고 있다. 트럼프는 그저 질서 이탈과 카오스의 노선을 걷고 있을 뿐이다.

최근 자이한은 미국 내 전반적인 비관주의 분위기의 흐름과 달리 미국이 세계로부터 철수하고 자족하는 국가로서 살아가는 미래를 낙관적으로 그려 주목받고 있다. 지리학적이나 인구학적 관점에서만 보면 자이한의 분석은 설득력이 있다. 미국은 셰일 가스로 에너지를 자급하고, 이민으로 인구를 유지하는 영원한 청년기의 나라이니 말이다. 하지만 그가 놓친 것은 전 지구적 자본주의의 구조적 위기와 파국적으로 다가오는 기후 변화의 정도다. 그간의 자본주의와 지구 생태계의 평형이 깨지면 과연 과거 토크빌이 찬양한 고립주의적 미국이 가능할까? 트럼프의 고립주의 충동과 우주군 창설의 모순은 이러한 현실을 보여 준다. 트럼프의 미국은 부상하는 새로운 제국 중국과 혈전을 벌여야 하며 동시에 불필요한 확장으로부터 대거 철수해야 한다. 기후 변화를 거짓이라 부정하면서도 동시에 국방부를 통해 기후 변화가 야기하는 심각한 국가 안보 위기를 준비해야 한다. 트럼프의 혼돈과 모순은 미국이 처한 현실을 드러낸다. 그저 그때그때의 상황을 규정하는 기준은 미국 우선주의, 더 정확하게는 트럼프 우선주의일 뿐이다. 당분간 이 카오스에서 산뜻하게 탈출할 수 있는 자는 아무도 없어 보인다.

서구의 황혼을 노래한 슈펭글러의 계파에 속한 키신저 Henry Kissinger는 2018년 7월 28일자 《파이낸셜 타임스 Financial Times》와의 인터뷰에서 다음과 같은 예리한 말을 남겼다. 마치 칼 마르크스의 《루이 보나파르트의 브뤼메르 18일》을 연상시키는 이 짧은 단상은 오늘날 트럼프 시대를 가장 잘 요약하는 문장이라고 생각한다.[7]

"트럼프는 역사에 종종 등장하는 인물일지도 모른다. 한 시대의 종언을 고하고, 그 시대의 낡은 가식 Pretences을 포기하도록 몰아가는 인물 말이다. 트럼프가 꼭 이런 것을 이해하고 있거나, 다른 훌륭한 대안을 고려하고 있을 것 같지는 않다. 그것은 사고 Accident일 수도 있다."

2 천재 협상가인가, 개자식인가?

"이 영화는 인생이란 악으로 가득 차 있고 영혼이 없다는 걸 말하고 있다. 영화의 중심 테마는 최근 트럼프가 대통령이 된 사실로부터 영감을 얻었다."

- 영화 〈살인마 잭의 집〉에 대한 라스 폰 트리에(Lars Von Trier) 감독의 인터뷰 중에서

중국의 트럼프 공포 신드롬

2018년 6월 한 중국학자의 대학원 졸업사가 큰 화제가 됐다. 지린吉林대학 경제 금융 대학원 리샤오李曉는 중국이 미국이라는 "세계 제1의 패권국에 대한 체계적이고 심도 깊은 연구"가 부족했다고 처절한 반성을 내놨다. 그는 또 "세심하게 생각하고 설계하며 논리가 매우 명확한" 부동산 사업가 출신인 트럼프의 탁월함을 과소평가했다며 반성했다. 이 연설문은 순식간에 SNS를 통해 회자됐다. 한국의 많은 지식인들이 트럼프의 탁월함을 꿰뚫어 보는 그의 높은 식견과 솔직한 반성에 찬탄을 보냈다.

결론적으로 말하자면 리샤오의 트럼프에 대한 과거 과소평가와 오늘날 과대평가의 극과 극 전환은 미국을 잘 모르는 이들의 전형적 심리 반응이다. 트럼프는 리샤오가 생각하는 것처럼 미래를 치밀히 내다보는 설계자가 아니다. 미국이라는 거대한 제국의 아우라와 오만함, 그리고 이를 뒷받침하

는 기축 통화와 첨단 무기의 힘이 이런 착시 효과를 불러일으킨다. 트럼프는 단지 이 후광을 등에 업은, 카오스의 시대에 걸맞은 천부적 동물적 감각을 가진 '개자식'일 뿐이다.

왜 사람들은 트럼프를 지나치게 과소평가하거나 혹은 반대로 과대평가할까? 우선 과소평가하는 심리에는 리버럴 지식인들의 편견이 스며들어 있다. 과거에 레이건 시절에도 비슷한 일이 있었다. 마이클 로긴Michael Rogin이란 리버럴 성향의 학자는 책 《로널드 레이건, 더 무비Ronald Reagan, the Movie: and Other Episodes in Political Demonology》에서 레이건은 자신이 클린트 이스트우드라는 환상 속에서 대통령직을 수행한다고 지적한 바 있다. 황당하게 들리지만 어느 정도 진실이기는 하다. 당시 미국의 리버럴은 할리우드에서도 성공하지 못한, 마초 흉내나 내고 잠이나 많이 자는 B급 배우에게 패배했다는 사실에 몹시 자존심 상해하곤 했다. 하지만 균형감을 가지고 들여다보면 레이건은 연기력뿐 아니라 시대의 결에 대한 탁월한 감각을 가진 정치가였다. 재선 이후에는 실용주의적 태도로 고르바초프와 손잡으며 소비에트와의 냉전을 극적으로 완화시켰다. 이는 이후 부시 시대, 베를린 장벽의 붕괴를 가져온 토대였다.

물론 트럼프는 B급 영화배우를 넘어 쇼맨십이 화려한 프로 레슬링 선수에 가깝다는 점에서 하늘을 찌르는 리버럴들의 분노를 이해할 만하다. 미국과 한국의 리버럴 지식인들은 트럼프의 허장성세와 품위 없는 언사에 눈살을 찌푸린다. 하지만 트럼프가 부지불식간에 드러내는 미국 체제의 불편한 진실에는 눈을 감는다. 그저 리버럴이 다시 집권하면 세상이 좋아질 것이라는 보수적 믿음을 가질 뿐이다. 사실 오바마보다 트럼프가 미국 체제의 누적된 위선을 더 잘 드러냈다는 사실은 의미심장하다. 또한 리버럴의 합리주의와 지성주의 스타일은 트럼프식 진흙탕 현실을 파악하는 데에 도움이 되지 않는다. 이들은 인간이 가지는 어두운 그늘을 잘 이해하지 못하고 합리주의와 계몽주의만으로 세상이 바뀔 수 있다고 믿는 경향이 있다. 심지어 어떤 이들은 뉴욕 맨해튼의 멋진 카페에 앉아 저 멀리 러스트 벨트(Rust Belt·쇠락한 공업 지대)에서 트럼프를 지지하는 열성 지지자들을 경멸적인 시선으로 내려다본다. 트럼프에 대한 과소평가에는 이들 리버럴의 오만이 한몫하고 있다.

놀라운 것은 트럼프가 집권에 성공하고 난 뒤에는 과소평가하는 이들보다 과대평가하는 이들이 훨씬 많아졌다는 사실이다. 자신들의 고정 관념이 온통 흔들리고 나니 또 다른 극단으로 쏠린다. 중국 지식인의 과잉 반성은 이들의 심정을 잘 대변한다. 하지만 과대평가는 미국이라는 체제가 정교하게 짜인 음모와 천재적 전략으로만 굴러간다고 믿는 오래된 음모론의 변종이다. 미국 체제의 작동을 구체적으로 들여다보면 미국이 때로는 엘리트들의 음모와 때로는 엘리트들의 바보 같은 착각으로 움직인다는 것을 깨닫게 된다. "미래를 미리 내다보는 나라"가 바로 미국이라고 클린턴 대통령은 우쭐해했지만 그는 매번 고립주의와 개입주의 사이에서 갈팡질팡했다. 당시 미국의 중동 정책에 오랫동안 관여했던 마틴 인딕Martin Indyk 이스라엘 주재 미국 대사는 미국의 외교 안보 스타일을 순진함이라는 한마디로 요약한다. 오죽하면 책 제목을《국제 관계에서의 순진함Innocent Abroad》이라 붙였을까?

미국의 이러한 특성은 미국 체제의 내적 특성에서 나온다. 미국은 북한과 달리 한순간 외교에서 실수해도 망하지 않는 '세계 국가'다. 물론 중국처럼 아래로부터 엄청난 단련을 거치며 한 단계씩 승진해 올라온 지도자가 이끄는 국가가 아니라 선거에서 퍼포먼스로 하루아침에 뽑힌 인물이 대통령이 되는 나라다. 오히려 준비된 대통령은 미국 정치에서 극히 예외다. 다만 미국 특유의 탁월한 실용주의 문화 속에서 전문가들로 구성된 보좌 시스템이 발달되어 있어 보완할 수 있다.

물론 미국의 체제가 결함만 있는 건 아니다. 아무리 중국의 체제가 일사불란하게 아래로부터 단련되었다 하더라도 선거를 거쳐 민심에 대한 반응성 및 정치적 근육을 키운 대통령과 그를 견제하기도 지원하기도 하는 공화국의 시스템이 훨씬 더 내구력이 있을 때가 많다. 미국에서도 타자인 소련과 중국의 지도자들을 천재 전략가이자 음모가로 생각했던 시절이 있었다. 그러나 비밀 자료들의 보안이 해제되면서 이들이 얼마나 허술하고 오만했는지가 속속들이 밝혀지고 있다. 매우 노회하다고 평가받았던 흐루시초프Nikita Khrushchyov의 쿠바 미사일 위기 대응 과정에서의 수많은 실수는 한 사례가 될 것이다.[8]

슬라보예 지젝Slavoj Žižek의 지적처럼 우리는 잘 모르는 타자에 대해 뭔가 체계적이고 무서운 음모가 있는 것처럼 환상의 틀을 구성하기 쉽다. 트럼프라는 부시와는 비교할 수 없이 설명하기 힘든 존재의 부상은 트럼프에 대한 온갖 두려움과 환상을 만들어 냈다. 과거 부시 시절도 그랬다. 부시 대통령이 정상 회담에서 김대중 대통령을 무시한 에피소드에 대해 어느 기자는 나에게 음모론적인 설명을 요구하기도 했다. 하지만 당시 나의 답변은 부시가 그저 무례한 스타일이고 김대중 대통령의 햇볕 노선을 전혀 신뢰하지 않아서 벌어진 일이라는 것이었다.

반동적 포퓰리즘과 트위터 하이쿠의 환상적 조합

사실 트럼프는 정치가의 가장 중요한 덕목 중 하나인 시대의 분위기와 인간의 어두운 욕망을 탁월하게 꿰뚫는 눈을 갖고 있다. 트럼프는 걸출한 포퓰리스트다. 나는 미국에서 공부할 때, 샹탈 무페Chantal Mouffe라는 포퓰리즘 이론가의 수업을 좋아했는데 유학을 마치고 귀국해서 포퓰리즘에 대한 왜곡된 정의를 바꾸려고 무던히도 노력하다 결국 포기했다. 한국에서 여전히 포퓰리즘은 인기 영합주의 정치가에게 찍는 주홍 글씨다. 세계 학계의 보다 정확한 정의는 이와 사뭇 다르다. 학계에서는 포퓰리즘을 기득권으로 간주된 세력에 대해 국민이라는 집단의 반발을 동원하는 정치의 한 유형으로 본다. 만약 그 기득권이 자본이면 월가 시위와 같은 좌파 포퓰리즘, 기득권이 강남 좌파이면 티 파티 운동과 같은 우파 포퓰리즘이 나타난다. 이 정의만을 보면 포퓰리즘은 매우 상식적인 정치처럼 느껴진다. 그렇다. 자유 민주주의는 자유주의와 민주주의의 결합이다. 여기서 민주주의democracy란 인민demos의 동원과 관련되어 있다. 포퓰리즘은 필연적으로 이 자유 민주주의 공식 어딘가에 내재한다. 이를 억지로 자유 민주주의 정치 바깥으로 몰아내려 하면 어두운 구석에 숨거나 반드시 귀환해서 복수한다. 무페는 최근 포퓰리즘도 국민 일반이라는 모호한 덩어리로서가 아니라 다원적 세력의 공존에 기반해 기득권과 싸우는 좋은 유형으로 나타날 수 있다고 더 적극적으로 정당화하기도 했다.

나는 트럼프를 포퓰리즘의 유형 이론에 근거해 '반동적 포퓰리즘Reactionary Populism'으로 구분한다. 여기서 반동적이란 시대의 흐름과는 거꾸로 가는 담론이란 의미다. 반동적 포퓰리즘은 양극화의 고통과 삶의 방식의 파괴에 대한 당혹감을 타자에 대한 폭력과 좋았던 시절에 대한 환상, 이를 대변한다고 믿는 위대한 정치가로 해결하려 한다. 파커 파머는 본질을 다음과 같이 적절히 지적한다.

"이따금은 다른 사람들에게 고통을 가하면 자신의 고통이 완화되기라도 하는 양 그들에게 폭력을 가한다. 이 광적인 전략은 인종 차별, 성차별, 동성애 혐오, 그리고 가난한 이에 대한 경멸 같은 잔인한 결과를 낳는다."[9]

비통에 빠진 사람들은 타자 배제 전략을 통해 자신의 존재 가치를 증명하고 위대한 과거와 연결되려고 한다. '미국을 다시 위대하게Make America Great Again'라는 구호는 자신의 자아를 넘어 위대함에 연결하고자 하는 큰 정치이자 일종의 영성 정치다.

영성과 트럼프? 물론 어색한 조합이다. 하지만 영성이 별것인가? 영성이란 무언가 위대한 실재에 연결되려는 마음이다. 그런 마음을 천박하고 무지하다고 경멸하는 힐러리와 같은 지성주의자들은 비통한 자들이 땅 위에서의 비루함을 극복하기 위해 끝없이 위대함으로 상승하고자 하는 욕망을 전혀 이해하지 못한다. 트럼프는 비록 품위 없고 혐오스럽지만 나름대로는 영성으로 가는 특급 열차다.

이러한 반동적 포퓰리즘의 대표적 교과서는 레이건이

다. 미국 보수주의의 모델인 레이건 대통령은 당시 뉴딜 진보주의에 대한 시민들의 피로감을 본능적으로 감지하고 이들 리버럴 엘리트들을 기득권으로 몰아붙였다. 한국에서《조선일보》가 성공적으로 마케팅한 강남 좌파론이란 레이건의 리무진 리버럴을 베낀 것이다. 레이건은 노조, 흑인, 동성애자 등 소수자들을 괴물로 몰았다. 그들과 대비하여 가족의 가치와 같은 담론을 전면에 내세우며 아름다웠던 복고 시절에 대한 향수를 불러일으켰다.

레이건은 도대체 어떤 시절을 아름답다고 말하는 걸까? 동성애자가 없고(물론 그들의 눈앞에) 남성이 지배자이고 흑인이 노예였던 그 '아름다운 시절'을 말하는 것이다. 국제적으로 아름다운 시절은 미국이 잔혹한 패권을 마구 휘두르고 동맹국들이 얌전하게 무임승차하던 때를 의미한다. 레이건은 플라자 합의(더 정확하게는 압박)라는 형식으로 일본의 팔을 비틀어 일본의 부상을 꺾어 버렸다. 또한 레이건은 소비에트와의 냉전에서 유럽 동맹을 장기판의 말처럼 여겨 약한 자를 괴롭히는 국가라는 오명까지 받기도 했다.[10] 전혀 새로울 것이 없는 트럼프는 이미 오래된 미국의 불리(bully·약자를 괴롭히는 학생) 전통을 복원한 것뿐이다.

트럼프는 '미국을 다시 위대하게 Let's Make America Great Again'라는 레이건의 구호를 (Let's만 빼고) 천연덕스럽게 자기 브랜드로 만들었다. 사실 트럼프는 오늘날 극단적 양극화로 고통 받고 진보적 가치의 확대 속에서 피로감을 느낀 저소득층 대중들의 분노와 혐오를 잘 읽어 냈다. 트럼프는 영화〈다크 나이트〉의 조커가 인민들의 어두운 욕망을 자극하듯이 대중을 기막히게 자극한다. 소수자들과 멕시코 이민자 등 타자에 대한 시민들의 두려움을 활용해서 스토리를 짜고 국경 장벽이라는 상징의 정치로 전화轉化시킨다. 〈다크 나이트 라이즈〉의 월가 인민 반란과 이를 선동하는 악당 베인은 트럼프 현상을 예고한 것처럼 잘 보여 준다. 물론 트럼프는 집권하고 나서 최대의 업적으로 부자에 대한 감세 조치를 꼽고 있지만 그의 열성 지지자들은 '억만장자 포퓰리즘'이란 기묘한 단어 조합이 가지는 모순에 눈을 감는다.

트럼프의 포퓰리즘은 지성주의적 리버럴들이 불편해하고 이해하기 힘든 운동이다. 캠페인 시절 트럼프가 자주 언급한 단어는 '에너지'였다. 내 기억으로 미국 양당 대선 캠페인 역사상 에너지라는 단어가 그렇게 자주 등장한 건 처음인 것 같다. 마치 UFC 대회를 연상시키는 단어에 다른 대선 주자들은 어리둥절해했다. 공화당의 지성주의 후보인 젭 부시Jeb Bush는 트럼프가 에너지 레벨이 낮다고 비판할 때 황당한 표정을 짓곤 어쩔 줄 몰라 했다. 하지만 이 에너지라는 키워드야말로 트럼프 포퓰리즘의 역동성을 제대로 보여 준다. 포퓰리즘은 지성주의적 운동이 아니라 기성 체제에 대한 혁명적 열정의 표출이기 때문이다. 오늘날 마수미Brian Massumi 등은 이를 정동 정치Politics of Affect라는 개념으로 잘 표현한다. 미국의 합리주의 철학 전통에서는 이 육체의 꿈틀거리는 분노와 열정의 표출에 담긴 혁명성을 읽어 내기 어렵다.

트럼프의 모습을 볼 때마다 영화 〈파이트 클럽〉이 떠오른다. 〈파이트 클럽〉은 파시즘의 매혹을 다루는 영화다. 이 영화는 자본주의의 합리성에 억눌린 에너지의 남성적이고 폭력적 표출을 보여 준다. 나는 이 영화를 좌파 급진주의로 해석하는 지젝을 이해하기 어렵다. 금융 독점 자본에 대한 분노와 테러리즘을 선동하는 것은 좌파에만 해당하는 일이 아니다. 과거 나치즘도 마찬가지였다. 이 영화에서 남성들의 폭력에 대한 광기 어린 매혹은 트럼프를 쉽게 연상시킨다. 북한 같은 소위 불량 국가를 상대로 미치광이로 행동해야 한다는 광인 이론의 트럼프 말이다.

물론 트럼프의 독자적 발명품은 하나도 없다. '미국을 다시 위대하게'가 레이건의 발명이라면 광인 이론은 닉슨의 발명품이다. 다만 닉슨은 광인처럼 행동하려 한 계산가였지만, 트럼프는 광인과 '광인처럼'의 경계선에서 위태롭게 움직인다. 닉슨은 압박 전술과 실제 전쟁으로 이어지는 압박의 차이를 이해했지만 트럼프는 이 미묘한 차이에 관심이 없다. 리샤오는 세심하게 설계하는 사업가 기질의 트럼프를 말했지만 사실 트럼프의 장점은 이 세심하지 않은 광기에 있다. 주한미군 가족들에 대한 본국 소개령을 지시하려 했던 트럼프는 압박 전술과 실제 우발적 전쟁이 발생할 수도 있는 미친 짓의 차이를 구별할 줄 모른다.

트럼프가 광인 이론에 능한 건 세상을 움직이는 동력은 공포라는 걸 야수의 본능으로 일찌감치 간파했기 때문이다. 과거 대선 캠페인 시절 힐러리와의 토론을 보면 그는 하이에나를 닮았다. 힐러리는 주변을 어슬렁거리며 혐오스러운 입김을 내뿜는 트럼프를 소름 끼쳐 했다고 한다. 사실 힐러리와의 토론에서 잠시 보여 준 모습은 트럼프가 살아온 역사의 압축판이다. 트럼프는 사업가 시절 항상 먹잇감 주변을 어슬렁거리며 맴돌다가 야비하게 때로는 무자비하게 먹잇감에 달려들었다. 만약 공포 전략이 소기의 성과를 내면 만족해서 물러선다. 자기 배가 어느 정도만 채워지면 주변에 먹잇감이 추가로 있어도 돌아보지 않는다. 나머지 작은 고깃덩어리들(세부 협상 내용)에는 관심이 없다. 우리가 대선과 대통령 임기 중에 본 트럼프의 모습은 과거 사업가 시절의 재판再版에 불과하다. 그는 예를 들어 먹잇감으로 설정한 별장을 직접 사지 않고 주변에 자기 건물을 세워 경관을 해치는 덫을 놓고 별장 가격을 떨어뜨려 상대를 외통수로 몰아넣었다. 그리고 나서 먹잇감을 싼값에 낚아챘다. 우리는 똑같은 행태를 주한 미군 철수 협박으로 방위비 협상을 외통수로 몰아가는 행태나 전쟁 위협을 통한 북미 협상 혹은 협상 일정 파기 등에서 반복적으로 목격한 바 있다.

트럼프의 가공할 포퓰리즘의 연료가 분노와 광기, 그리고 공포의 동물적 에너지라면 분노를 실어 나를 ICBM은 트윗이다. 물론 이 또한 트럼프의 발명품은 아니다. 트럼프가 아니라 오바마가 미국 대통령제 역사상 최초의 SNS 대통령이었다. 오바마는 최저 임금 논쟁 당시 '당신도 한번 그 돈으로 살아 보라Go Try It'라는 감동적인 트윗으로 정세를 돌파했다. 인종 갈등과 총기 규제 논쟁으로 이어진 흑인 교회 총기 난사 사건의 희생자 추도식에서 찬송가 '어메이징 그레이스Amazing Grace'를 부르는 영상은 유튜브를 통해 확산되면서 초당적 분위기를 만들었다. 하지만 오바마의 SNS 활용이 리버럴다운 지성주의적 메시지라면 트럼프는 인간의 어두운 욕망을 자극하는 조커처럼 리얼리티 쇼와 SNS의 어두운 파괴력을 제대로 분출시킨다. 트위터 사용에서도 다크 나이트 오바마와 조커 트럼프는 극단적으로 대립하는 셈이다.

레이건의 퍼포먼스가 싸구려 감동을 주는 B급 할리우드 영화의 재현이라면 트럼프의 트윗은 미국 드라마를 닮았다. 트럼프의 퍼포먼스에서 총감독과 연출, 마케팅은 모두 트럼프가 담당한다. 소재는 폭스 채널과 CNN에서 귀신같이 낚아챈다. 대략 각본이 구상되면 '미드'처럼 자극적인 사전 마케팅으로 출발한다. 트럼프는 본격 개봉하기도 전에 이미 흥행에 성공해야 한다는 시간 파괴의 미드 문법에 충실하다. 리얼리티 쇼를 진행하면서 터득한 테크닉이다. 트럼프는 그 짧은 트윗 메시지 안에 그의 지지 기반이 열광하는 강렬한 분노와 어두운 혐오, 비틀린 조롱의 메시지를 명징하게 담는다. 메시지를 발사하고 나서는 어떤 게 먹히고 어떤 게 안 먹히는지를 자체 분석한다. 그러고 나서 다시 소재 거리를 찾아 폭스 뉴스 채널과 CNN 채널을 하이에나처럼 배회한다. 인간의 어두운 그림자를 탁월하게 표출하는 〈블랙 미러Black Mirror〉나 〈하우스 오브 카드House of Cards〉 시리즈의 제작 과정을 보는 것 같다.

레이건과 트럼프의 공통점은 대중의 사랑을 갈구하는 배우 기질이 매우 강하다는 점이다. 리버럴 진영에서는 클린턴이 여기에 해당된다. 특히 트럼프는 심리학자 애런 제임스Aaron James의 지적처럼 청중들이 자기를 얼마나 혐오하는지에 무감각한 '관종(관심 종자)' 캐릭터에 가깝다. 역대 미국 대통령들을 움직이는 동력은 약간씩 강조점이 다르다. 데이비드 로스코프David Rothkopf가 지적하듯 케네디와 부시 가문은 대통령직을 마치 자신들의 정해진 운명처럼 받아들였다. 젭 부시 전 플로리다 주지사는 이 운명을 중시하는 가문 출신으로 트럼프와의 싸구려 연기 경쟁을 일찌감치 포기했다. 그의 귀족주의적 성향으로서는 도저히 하고 싶지 않은 싸움이기 때문이다.

배우로서 트럼프의 가장 큰 강점은 입에 착 달라붙는 메시지를 생성하고 전달하는 능력이다. 리버럴은 트럼프의 트위터를 그저 왕자병 환자이자 '초딩' 수준의 어법이 드러나는 취미 생활로만 본다. 너무 증오하는 나머지 트럼프의 탁월함은 눈에 보이지 않는다. 나는 트럼프의 트윗을 볼 때마다 그의 시적 재능에 감탄한다. 마치 짧은 몇 줄의 강렬한 시구로 이루어진 일본의 하이쿠俳句를 보는 느낌이다. 어쩌면 그렇게 사태의 본질을 명징하게, 그러나 어둡게, 그리고 자기 위주로 포착하는지 그저 신기하기만 하다. 이 하이쿠는 출시될 때마다 의회를 우회해서 세상을 흔들고 지지 기반을 다진다. 하이쿠에 의한 대중 호소going public 전략이라 할 수 있다.

우연히 뉴욕 스트랜드 서점에서 시간을 보내다 나와 같은 생각을 하는 저자를 발견하고 쓴웃음을 지은 적이 있다. 로버트 시어스Robert Sears라는 작가가 2017년 트럼프의 트윗 메시지를 재구성해 《도널드 트럼프의 아름다운 시The Beautiful Poetry of Donald Trump》라는 단행본을 냈다. 만약 김정은이 트럼프를 더 자세히 알고 싶고, 협상에서 최종 승리하고 싶다면 이 시 모음집을 프로이트의 자세로 분석하면 될 것이다. 이 시집을 김정은에게 강력 추천한다.

개자식 자본주의가 낳은 포퓰리스트 배우

흥미로운 점은 트럼프의 시대 분위기에 대한 감각과 포퓰리스트 배우로서의 동물적 재능이 그의 성격 유형과 조합되면 다양한 변주가 발생한다는 점이다. 애런 제임스는 2016년 출간한 《개자식 – 도널드 트럼프 이론Assholes - A Theory of Donald Trump》에서 트럼프의 성격 유형을 개자식 이론으로 개념화했다. 이는 저속한 비난이 아니라 진지한 학문적 개념 정의다. 제임스에 따르면 개자식은 세 가지 조건을 충족시켜야 한다. 첫째, 아주 일관되게 자신의 특권을 추구한다. 둘째, 자신은 애초부터 특별한 자격을 지닌 인간이라는 왜곡된 관념에 의해 움직인다. 마지막으로 다른 이들의 비난으로부터 자유롭고 사과할 줄 모른다. 예를 들어 저자는 우체국에서 급한 상황도 아닌데 아주 자연스럽고 당연하게 새치기하거나 세 차선을 마음대로 휘젓고 다니는 인간이면 틀림없이 이 성격 유형이라 진단한다. 트럼프는 자신이 부자이고 승자이며 최고이기에 초월적 자유를 가진다고 진정으로 믿는다. 나는 지금까지 이것보다 더 적절하게 트럼프를 묘사하는 개념을 본 적이 없다. 세상에, 자신의 기존 발언이 녹화된 영상을 눈앞에 놓고도 태연하게 가짜 영상이라 주장하는 대통령은 아마 트럼프가 유일할 것이다. 푸틴도 그 정도로 강심장은 아니다. 정신 건강 전문가들의 분석을 엮은 책 《도널드 트럼프라는 위험한 사례》

를 보면 다른 정신과 의사들도 대체로 트럼프가 병적인 나르시스트라는 비슷한 진단을 내리는 것 같다.

제임스는 다만 트럼프가 히틀러나 스탈린과 같은 사이코패스 유형은 아니라고 덧붙인다. 이들 사이코패스는 공감 능력이 아예 제로이며 고양이가 쥐를 죽일 때와 같은 뇌파를 가진 자들이다. 트럼프는 밉상이지만 그런 인간 말종들과는 차원이 다르다. 때로는 소박하고 솔직한 태도에 인간적 매력을 풍기기까지 한다. 생각해 보라. 왜 우리는 경멸하면서도 계속 트럼프 트윗의 다음 메시지를 확인할까? 당신은 힐러리와 트럼프 중 굳이 선택한다면 누구와 기차 여행을 떠나겠는가? 힐러리 여사 옆에서 지적인 강의를 들을 생각을 하면 벌써부터 지루해진다.

트럼프보다는 덜 매력적이지만 과거 뱀 같다는 수식어가 붙었던 딕 체니Dick Cheney 전 부통령, 동료 의원들의 기피 대상 1호인 공화당의 테드 크루즈Ted Cruz 상원의원 등 워싱턴 정가에는 개자식 유형이 널려 있다. 사실 이 개자식 유형은 미국 문화 최악의 경향들에서 발견되는 일반적 특징이기도 하다. 라파이유Clotaire Rapaille라는 인류학자는 저서 《컬처 코드》에서 미국을 청년기 특징을 가지는 나라라고 통찰력 있게 규정한 바 있다. 청년기 남성은 보통 에너지가 넘치는 질풍노도의 시기로서 충동적이고 극단적이고 자기중심적이며 폭력적이다.

물론 청년기에는 장점도 많다. 오늘날 미국이 노년기 일본과 달리 역동적이고 진취적이며 실험적인 특성으로 번영을 구가하는 이유다. 다만 부정적 측면이 극단적으로 발현되면 트럼프가 되는 것이다. 파커 파머는 유사하게 미국 문화의 가장 삭막한 특징인 "사춘기의 충동성, 부와 권력에 대한 고삐 풀린 탐욕, 폭력 취향, 못 말리는 자기애, 그리고 엄청난 오만"을 트럼프가 구현한다고 적절히 지적한다.[11] 남성 사춘기의 충동성과 폭력성에 자본주의의 부정적 기질이 결합한 셈이다. 제임스는 이를 '개자식 자본주의'라 명명한다.

트럼프의 시대 분위기를 포착하는 감각과 포퓰리스트 배우로서의 기질이 개자식 캐릭터와 잘 조합될 때는 장점으로 작용한다. 자기 자신에 대한 강력한 자신감과 사과할 줄 모르는 캐릭터는 카리스마적이고 마초적인 포퓰리즘 퍼포먼스와 무척 잘 어울리기 때문이다. 카리스마와 자기애의 퍼포먼스가 빠진 포퓰리즘은 마치 지루한 목사의 연설을 보는 것과 같다. 그래서 트럼프 지지자들 중 일부 광적인 이들은 트럼프를 마치 예수의 재림으로까지 생각한다.

레이건의 마초 연기는 자신을 클린트 이스트우드라고 생각했기에 진정성이 있었다. 질서와 법을 강력히 주장하는 그의 연기는 보수적 중산층에게 크게 어필했다. 트럼프는 자신을 천재 전략가이자 비전가로 생각한다. 그 연기는 진정성을 가질 수밖에 없고 지지자들에게 불패의 믿음을 준다. 비록 사업에서도 실패했고 중간 선거에서 패배했지만 여전히 지지자들은 그를 불패의 화신이자 미국을 위대한 시대로 돌려줄 유일한 대안으로 믿는다. 탈레브가 《스킨 인 더 게임》에서 지적하듯이 실패해 본 경험이 오히려 트럼프를 박제된 리버럴보다 더 현실감 있는 인물로 만든다.

하지만 트럼프의 포퓰리즘과 개자식 기질의 조합이 부정적으로 작용하면 실리를 잃어버린다. 기존 기득권을 타파하는 트럼프의 포퓰리즘은 오바마의 환태평양 공동체 협정 TPP을 잘못된 세계화의 전형으로 몰아붙였다. 하지만 이는 아시아 태평양 지역에서 미국을 고립시키고 중국의 헤게모니를 강화하는 결과를 낳았다. 물론 중국의 거친 제국 확장 전략은 이를 효과적으로 이용하지 못했고 '일대일로(一帶一路·One belt One road)'[12]에 대한 반발만 일으켰지만 말이다. 트럼프는 또 주변 참모들과 긴밀한 상의 없이 아프가니스탄 주둔군의 절반 감축을 명령해 탈레반과의 협상력을 스스로 떨어뜨렸다. 또한 아프가니스탄에서의 성급한 발 빼기는 그간 불완전하게 형성되어 온 민주화와 인권의 기반이 훼손될 가능성에 무감각한 태도다.[13] 시리아에서 철군한다는 트럼프의 즉흥적인 발어에 당황한 참모들은 트럼프의 말을 부인하고 점진적 철수 입장을 밝혀 미국 국가 안보 시스템의 난맥상을 고스

란히 보여 준 바 있다. 이 혼란은 미국과 이란의 기존 협상안 거부까지 결합해 중동에서 러시아, 중국의 영향력을 키워 주고 트럼프 정부를 중동의 수렁 속으로 몰아넣는 결과만 낳았다. 트럼프 시대에 들어 중동은 3차 세계 대전의 도화선이 될 위험성이 커지고 있다. 트럼프의 이러한 포퓰리스트적 충동과 개자식 기질의 부정적 조합은 냉정하게 실익을 계산하는 상대와의 협상에서는 치명적 약점이 아닐 수 없다.

3 다크 나이트와 조커는 정말 다른가?

"너로 인해 내가 완성된다."

— 영화 〈다크 나이트〉에서 배트맨을 향한 조커의 대사

오바마와 트럼프에게는 공통점이 있다

오바마와 트럼프만큼 완벽하게 이질적인 존재를 찾기는 어렵다. 출신 배경에서부터 정치 스타일, 패션, 음악 취향에 이르기까지 도대체 공통점이 없다. 정치 노선에서도 오바마는 클린턴의 계보를 잇는 제국의 다크 나이트이고자 했고, 트럼프는 이를 기득권이라 규정하며 흔들고 조롱하는 조커에 가깝다. 하지만 이들에게도 공통점이 있다. 오바마와 트럼프는 제국이 황혼기를 맞이했다는 걸 깨닫고 어떻게든 이 시대의 결에 맞추고자 기존 패러다임의 혁신을 추구했다는 점에서는 의외로 통하는 바가 있다.

사실 오바마와 트럼프에게는 혁신해야 할 공통의 기성 질서가 있다. 이는 클린턴의 리버럴 개입주의와 부시의 신보수주의로 상징되는 워싱턴 기득권이다. 오바마의 측근 벤 로즈Ben Rhodes의 회고록인《있는 그대로의 세계The World As It Is》를 보면 실제로 임기 동안 한 치도 교과서를 벗어나지 않으려는 외교 안보 라인의 완고한 주류 엘리트에 오바마는 진절머리를 낸 것으로 알려진다. 벤 로즈는 이 책에서 이들 기득권을 한 줌의 무리를 의미하는 '블로브Blob'라고 지칭해 큰 화제가

되기도 했다.

트럼프는 오바마보다 한 발 더 나아가 세상을 미국식으로 개종하려는 기존 워싱턴 주류의 가장 강력한 반대자다. 그는 심지어 세계 최악의 인권 탄압국인 북한에 대해서도 대동강 변에 트럼프 타워만 세울 수 있으면 얼마든지 다른 범죄에는 눈을 감을 준비가 되어 있다. 그런 점에서 보면 당적을 떠나 클린턴, 부시 2세가 제국의 번영에 대한 낙관주의 계보라면 오바마, 트럼프는 제국의 퇴조에 대한 비관주의 계보다. 전자가 현상 유지파라면 후자는 혁신파다. 단, 혁신의 강도와 방법의 차이일 뿐이다.

트럼프의 집요한 중국 때리기에 놀란 지식인들은 이를 트럼프와 피터 나바로Peter Navarro 등 주변 참모들 특유의 난폭한 패권주의로 간주하는 경향이 있다. 하지만 이들은 왜 오바마가 유약하다는 비난을 감수해 가면서 집요하게 중동에서 발을 빼려 했는지, 그 고뇌를 이해하지 못한다. 오바마는 어떻게든 이라크, 아프가니스탄에서 단계적 철군을 진행해 시리아라는 진흙탕에 빠지지 않으려 했다. 자국민에게 잔혹한 화학 가스를 사용한 시리아 아사드 정권에 대해 클린턴 시기 같으면 당연히 인도주의적 견지에서 군사 개입을 추구했을 텐데 오바마는 유약하다는 비난을 받아가면서 시리아와 외교적 협상으로 문제를 봉합했다. 시리아에 개입하면 중국을 견제하고자 하는 노력에 더 많은 에너지를 사용하지 못하기 때문이다. 심지어 당시 집권 민주당 내 많은 의원들의 반대에도 불구하고 이란의 평화적 핵 이용권을 보장하면서까지 이란 정부와 타협했다. 항상 제국의 강력한 힘과 오만 속에서 상대의 선先양보를 강조했던 미국의 패턴으로 보면, 행동 대 행동의 원칙은 물론, 평화적 핵 이용권의 보장은 엄청난 양보가 아닐 수 없다. 상대적으로 매파이자 현상 유지파인 힐러리는 당시 이란과의 협상을 불편해했다. 결국 오바마는 의회의 높은 문턱을 고려해 이란과의 협정 대신 합의라는 낮은 수준의 타결에 만족해야만 했다. 그런데 지금 트럼프는 이 합의를 손바닥 뒤집듯이 번복해 버렸다. 북한에 대해서는 기존의 절묘했던 이란 합의보다 훨씬 높은 문턱을 제시하고 있다.

오바마는 도대체 왜 자신의 정치 자본을 크게 훼손해 가면서까지 중동에서 발을 빼려 했을까? 유약한 기질 때문일까? 천만에. 오바마는 자신에게 미리 수여한 노벨 평화상 수상 자리에서 정의의 전쟁을 태연히 역설하여 심사위원들을 경악하게 한 인물이다. 답은 미국 중심의 제국에 맞서 깨어나는 용, 즉 중화 제국의 부상이다. 물론 이스라엘의 호전적 전쟁 위협으로 파국을 막기 위해 타협한 측면이 강하지만 어디까지나 그 근저에는 항상 중국 변수가 있었다. 트럼프와 달리 학습에 매우 능한 오바마는 집권 초기의 낙관주의와 달리 미국 제국의 퇴조를 절감하지 않을 수 없었다. 우크라이나와 조지아를 나토에 가입하도록 하는 부시의 노선을 승인한 확장주의자 오바마는 후보 시절의 오바마다.

오바마는 미국이 걸프전을 마지막으로 더 이상 우방국들의 팔을 비틀어 전쟁 비용을 부담시키고 확장적인 제국을 유지할 수 있는 국가가 아니라는 것을 뼈저리게 깨달아 갔다. 동맹들은 오바마의 개인적인 매력에는 매혹되었지만 실제 어젠다에서는 그리 협력적이지 않았다. 더구나 중국이라는 길들여지지 않는 거대한 용의 부상이 눈에 띄기 시작했다. 중국이 자유 민주주의 네트워크 속에서 길들여질 것으로 순진하게 믿었던 클린턴 진영의 환상을 계속 유지하기에는 현실이 너무나 달라졌다. 남중국해 등에서 중국의 공세적 태도는 눈에 띄게 증가하기 시작했다. 오바마의 주변 리버럴 참모들은 점차 중국에 강경해지기 시작했다. 예를 들어, 오바마의 핵심 참모인 국가 안보 회의 아시아 담당 선임 보좌관인 제프리 베이더Jeffrey Bader는 클린턴 시기의 대중 협력 관계에 기대를 버리지는 않으면서도 보다 전략적인 경쟁에 초점을 맞추기 시작했다. 오바마 대통령도 시진핑을 만나서는 지적 재산권 침해에 대한 강한 경고를 보냈고, 기후 변화에 대비한 탄소 배출량 의무 감축과 검증 약속 같은 전향적 조치를 주문했다. 물론 시진핑은 여기에 귀를 기울이는 척했지만 별로 달라진 건 없었다.

중국은 이미 시진핑 시대에 접어들면서 방어적인 도광양회韜光養晦를 벗어나 확장적 제국으로의 기지개를 켜고 있었고, 여전히 선진국의 책임과 윤리에는 관심이 적었다. 그 덕분에 2009년 덴마크 코펜하겐 기후 변화 회의는 아무런 실속 없이 끝났다. 오바마의 무능에 실망한 NGO 운동가들은 눈물을 흘리며 분통을 터뜨리기도 했다. 2010년 아세안 지역 포럼에서는 힐러리 국무장관이 남중국해에서 항행의 자유를 이슈화해 중국과의 본격적인 대결을 선언하기도 했다. 결국 2012년 미국 신국방 전략 지침은 아시아·태평양을 최우선 관심 지역으로 분류하고 이 지역에서 군사 전력을 대폭 확충하기 시작했다. 사실 오바마 시절을 회고해 보면 오늘날 트럼프의 난폭한 중국 길들이기는 중국이 이미 오바마 시절 자초한 측면이 있다. 그러나 이제 와서 이들은 트럼프를 과소평가했느니 하면서 부정확하고 지엽적인 반성에 그치고 있다.

고상한 거짓말과 천박한 진실

물론 오바마가 역점을 두고 추진했던 TPP는 오바마의 국제주의와 트럼프의 보호주의라는 둘 사이의 결정적 차이로 인용된다. 사실 트럼프는 집권하면 결국 협정의 강점을 학습할 것이라는 일각의 희망적 생각과 달리 이를 단칼에 거부해 버렸다. 하지만 트럼프가 애초에 전혀 이해하지 못한 점은 사실 이 협정의 핵심이 중국의 부상을 견제하기 위한 오바마의 신의 한 수였다는 사실이다. 오바마가 2015년 한 인터뷰에서 밝히고 있듯이, 이 협정은 노동과 환경 부문에서 아태 지역에 엄격한 표준을 만들어 중국의 경쟁력을 약화시키고 미국의 네트워크에 사실상 편입시키는 것이 목적이었다.[14] 오로지 오바마의 유산을 뒤집어 정치적 점수 획득에만 혈안이 된 트럼프의 눈에는 TPP가 그저 중국에 무임승차를 제공하는 세계 무역 기구WTO나 IMF와 같은 유약한 장으로만 보였을 것이다.

놓치지 말아야 할 포인트는, 트럼프가 그토록 미워했던 TPP가 자신이 북미 자유 무역 협정(나프타·NAFTA) 재협상 업적으로 내세운 미국-멕시코-캐나다 협정USMCA에서 부활했다는 사실이다. 통상 문제 전문가인 대구대 김양희 교수는 《동향과 전망》 2019년 봄호에서 USMCA는 오바마의 중국 견제 목적이 매우 강화된 형태로 구현된 것이라고 분석한다. 예를 들어, 지적 재산권 문제는 당연하고 중국의 국유 기업에 대한 견제 장치까지 마련해 놓았다. 그리고 과도한 미국 무역 의존에 시달리는 캐나다 등이 중국과의 양자 FTA를 시도할 가능성조차 효과적으로 봉쇄했다. 처음에는 격렬히 반발하던 캐나다도 미국 무역 의존도라는 약점을 가지고 난폭하게 흔드는 트럼프 앞에서 고개를 숙여야 했다. USMCA는 사실상 중국 봉쇄 조약이자 향후 미국의 패권주의에 기반한 모든 양자

3_다크 나이트와 조커는 정말 다른가?

협정의 기준선이다. 결국 이 무역 협정만 놓고 보면 오바마가 세련되게 중국을 옭아매려고 시도했던 것을 트럼프는 난폭한 방식으로 완성했다고 평가할 수 있다. 오늘날 혼돈의 세계에서는 난폭함이 합리주의를 이긴다.

오바마와 트럼프의 또 다른 큰 차이로 지적되는 북미 정상 회담 성사조차도 사실 미묘한 맥락을 살펴보면 연속성이 존재한다. 이단아인 오바마와 트럼프는 선거 캠페인에서 둘 다 독재자와 조건 없이 못 만날 것이 없다는 말을 해 구설수를 빚었다. 오바마가 애초에 북한 문제 해결을 서두르지 않은 것은 북한이 주장하는 위성 발사가 대화 분위기에 찬물을 끼얹었기 때문이다. 하지만 오바마는 유사하게 악의 축으로 간주되는 이란과는 빅딜을 감행했다. 중동에서 전쟁 위기가 고조되었고 한반도에서는 사이버 전쟁 같은 저강도 전쟁을 실험하고 있었기 때문이다.

오바마의 압박과 비공개 군사주의 노선을 이어 가던 트럼프는 북한의 ICBM 완성이라는 예상치 못한 수세적 조건에서 대화로 선회했다. 사실 이전의 클린턴, 부시도 트럼프와 같은 딜deal을 추구했다. 매우 다른 이념 성향의 대통령이지만 둘 다 압박과 군사주의를 시도하다가 무용함을 깨닫고 집권 후반기 단계별 상호주의로 선회했던 것이다. 클린턴 시절 페리William Perry 전 국방장관이 주도한 페리 프로세스가 바로 그

것이다. 애초에 북한에 경제적으로 매력적인 미래를 보여 주면 쉽게 포기하고 나올 것이라 착각했던 트럼프는 싱가포르 정상 회담 이후 한동안 진전이 없어 국내외적으로 큰 비난을 감수해야 했다. 북한에 대해 선 비핵화를 요구하는 것은 과거 정부들이 시도한 낯익은 실험이다. 하지만 트럼프도 전임 정부처럼 다시 페리 프로세스를 중요한 옵션 중 하나로 검토해야 하는 상황에 직면했다. 국가 안보 이슈에서는 연속성이 존재한다. 대통령 개인의 스타일이 크게 좌우하기에는 오랜 역사적 맥락과 상호 전략적 관계의 지형이 존재하기 때문이다.

또 하나 주목해야 할 사실은 오바마의 달콤한 공감과 소통 능력에도 불구하고 오늘날 자유주의는 적법성과 불법성 사이의 경계선을 넘나들어야 한다는 점이다. 양극화와 문화 정체성의 괴리가 극심한 사회에서 공감과 합의만으로 사회가 작동되지는 않는다. 오바마의 자유주의는 다크 나이트가 불법성에 의존하는 것 같은 강한 자유주의다. 그는 출범 초기에 NGO 운동가들을 초대해 놓고 '예방적 구금'의 필요성을 역설해서 모두를 놀라게 했다. 사실 피터 프레이즈가 《네 가지 미래Four Futures》에서 지적하듯 오바마 정부 시절은 범죄 혐의가 있는 이들을 예방적으로 자동 추적하는 컴퓨터 알고리즘이 역대 어느 정부보다 발달한 '마이너리티 리포트'의 시대였다. 디닌Patrick Deneen 또한 《왜 자유주의가 실패했는가Why

Liberalism Failed》에서 오늘날 자유주의가 팽창하는 감시 권력과 법적 강제, 경찰력 및 행정적 통제력이 동반되는 거대한 '딥 스테이트Deep State'에 의존한다고 지적한다.

결국 오바마와 트럼프의 차이는 연착륙이냐 경착륙이냐의 차이다. 오바마는 세련되게 중국의 부상을 누르고자 하고, 트럼프는 난폭하게 꺾고자 한다. 이를 위해 오바마가 상호 협력과 견제의 강온 양면 전술을 구사했다면, 트럼프는 봉쇄를 통한 일방적 항복을 선호한다. 트럼프의 봉쇄 노선은 오늘날 인도·태평양까지 대대적으로 확산되고 있다. 심지어 공화당의 영웅인 레이건이 고르바초프와 1987년 체결한 중거리 핵전력 조약INF 탈퇴 움직임, 우주 전략 사령부 창설을 통한 중국과의 신新냉전 경쟁을 본격적으로 시작했다. 트럼프의 시대는 위에서 언급한 팔 비틀기를 통한 USMCA의 대성공이나 국가 비상사태 선언 조치가 말해 주듯 우아함이 아니라 난폭함의 시기다. 과거 레이건의 일본 팔 비틀기를 통한 플라자 합의 및 스타워즈 구상 시절처럼 말이다.

레이건과 트럼프의 공통점은 이 마초적 행보가 사실은 불안감에서 나온다는 점이다. 원래 자기 힘에 자신 있는 조폭 두목들은 유연한 법이다. 하지만 시간은 미국 편이 아니다. 중국은 과거 일본처럼 손쉽게 제압할 수 있는 덩치가 아니다. 트럼프의 야심 찬 리쇼어링(Reshoring·제조업 본국 불러들이기 전략)에도 불구하고 실적은 미미하다. 멕시코와의 양자 협정에서 자동차 생산 공장의 높은 임금 수준을 강제하는 시도가 과연 미국 제조업의 부활을 불러올 수 있을지 의문이다. 이미 미국의 대표적인 첨단 기업인 애플은 중국에서 고전하고 있고, 그렇다고 임금 수준이 높은 미국으로 생산지를 옮겨 오기도 힘들다. 길게 보면 중국 및 동맹국을 상대로 한 미국의 난폭한 패권 휘두르기는 세계 경제 사슬 구조를 교란하고 미국 반대 세력을 결집하는 등 트럼프의 자기 발등 찍기가 될 수 있다.

하지만 트럼프와 이후 등장할 제2의 트럼프는 별로 개의치 않을 것이다. 디스토피아 시대의 조커인 이들에게는 인간의 어두운 욕망을 자극할 수 있는 소재가 널려 있기 때문이다. 작은 전투에서 패배한다면 얼마든지 더 큰 파괴적 전투를 통해 우리 모두를 벼랑 끝으로 몰아갈 수 있다. 이들은 오바마 유형의 노선이 가지는 취약함을 너무나 잘 안다. 다크 나이트가 그랬듯 오바마주의는 무너져 가는 질서를 지키기 위해 적법한 절차도 가끔 포기해야 한다. 때로는 다크 나이트가 고담 시민들을 속이듯이 '고상한 거짓말Noble Lie'도 해야 한다. 디닌은 오늘날 극소수 엘리트에만 혜택을 주는 기득권 체제로 인해 이 거짓 약속은 지속 가능하지 않다고 지적한다. 이 연속성의 불편한 진실과 약점을 파고들면서 조커, 트럼프는 다크 나이트, 오바마주의와의 대결을 즐기고 있다. 오바마주의는 트럼프가 화려하게 등장할 무대를 제공한다.

　영화에서 분노와 당혹감에 찬 다크 나이트에게 조커는 '나는 너 없는 세상을 원하지 않는다'며 다음과 같이 외친다. "너로 인해 내가 완성된다!"

　지금 우리는 다크 나이트의 세계에서 살고 있다.

이 장은 《역사비평》 2016년 겨울호에 게재된 논문 〈조지 월리스의 부활 – 트럼프 현상의 연속성과 새로움〉을 일부 수정하여 정리한 것이다.

4 트럼프의 아버지는 누구인가?

"내가 너의 아버지다."

- 영화 〈스타워즈5: 제국의 역습〉에서 루크 스카이워커를 향한 다스베이더의 대사

끈질기게 부활하는 어두운 그림자

미국 대통령제 역사에서 트럼프는 블랙 스완 현상으로 일컬어진다. 정치가로 훈련받지 않은 일개 부동산 사업가가 위대한 링컨 대통령 이래 유수한 역사를 자랑하는 공화당을 접수한 사례는 전무후무하다. 트럼프는 도대체 어디에서 솟아난 것일까? 그는 어떠한 DNA를 물려받은 걸까? 물론 우리는 그의 생물학적 아버지가 누구인지는 안다. 그렇다면 정치적 아버지는 누구일까?

트럼프의 대통령 당선은 오늘날 오바마 시대에 팽배해진 진보주의에 대한 낙관과 리버럴 진영의 자신감을 하루아침에 완벽히 산산조각 내버렸다. 오바마 정치 질서political order는 과연 후대의 역사가들에게 어떤 특징으로 기록될 수 있을까? 한 가지 독특한 점은, 오바마 시기는 시대를 주도하는 집권 정치 세력 및 스페이스X 등 선도적 기업가들의 자신감과 미래에 대한 낙관주의가 최고조에 달한 시기라는 점이다. 아프리카계 미국인인 오바마의 당선 직후 드디어 '탈인종주의 시대post-racial era가 도래했다는 낙관론에서부터 혁신주의 시대

progressive era에 비견되는 신진보주의 시대new progressive era가 개막되었다는 선언에 이르기까지 다양한 형태로 나타났다. 예를 들어 미국 리버럴 진영의 대표적 전략가인 스탠리 그린버그 Stanley Greenberg는 2015년《상승하는 미국America Ascendent》이라는 저서에서 오바마 시대 이후 미국의 경제·사회·문화 전반에 신진보적 경향이 확고히 자리 잡았다고 주장했다. 또한 유발 하라리Yuval Harari가 신간《호모데우스》에서 지적했듯이 구글, 페이스북 등의 가공할 정보 분석 기술의 혁신은 지금의 기술 유토피아주의가 가져올 미래에 대한 무한한 낙관론을 끊임없이 양산해 냈다. 이와 같이 팽배한 낙관주의는 미국 현대의 어떤 대통령도 피해 가지 못한 레임덕의 저주에도 퇴임 직전까지 50퍼센트가 넘는 지지율을 기록한 오바마의 인기가 가능했던 기본 토양이었다.

  오바마의 낙관주의 시대 분위기에도 불구하고 트럼프라는 블랙 스완이 탄생하자 미국의 미디어는 충격에 빠졌다. 하지만 트럼프의 새로운 충격에 대한 미디어의 과장된 소동에서 벗어나 차분히 미국 역사를 돌아보면, 미국 정치에 면면히 흐르는 극단적인 인종주의 정치 세력의 지속성을 쉽게 발견하게 된다. 이에 대해서는 한동안 미국 정치학계에서 잊혔던 리처드 호프스태터Richard Hofstadter의 저명한 논지가 도움이 된다. 호프스태터는 사회적 질서가 동요하는 시기에는 백인

기독교 문명에 위협을 줄 수 있는 타자에 대한 공포에 소구하는 반지성주의 태도의 참주 선동가형 리더가 등장한다고 오래전에 주장한 바 있다. 그에 따르면 미국의 전통적 백인 토박이 보수 세력에게는 흑인, 월스트리트 은행가, 유대인, 가톨릭 등 타자의 '침입'에 대한 병적인 두려움paranoid에 기초한 음모 이론이 내재되어 있다.

타자에 대한 일반 백인 중하층의 공포심을 자극하는 운동은 타자의 침입을 방조, 혹은 촉진하고 자신들의 전통적 삶의 가치와 민생을 파괴하는 정부 및 전문가 등 워싱턴의 엘리트층 전반에 대한 강렬한 분노를 동원하게 된다는 점에서 반지성주의적 태도로 자연스럽게 연결된다. 미국 혁신주의 시대 정부 역할의 강화나 그 이후 뉴딜 시기 정부 역할의 비약적 증대 과정에서 리버럴 전문가들의 영향력 확산은 반지성주의 세력에게 큰 위협으로 다가왔다. 보수주의 진영 내에서 리버럴 엘리트 진영에 대한 적대적 낙인찍기로 흔히 동원되는 표현인 '리무진 리버럴'은 반지성주의 흐름이 성공적으로 정착시킨 담론 전략이다. 이 공포와 배제의 극단적 운동은 1840년대 무지당(無知黨·The Know Nothing Party)에서부터 1960년대 조지 월리스의 백인 우월주의 운동, 1990년대 팻 부캐넌Pat Buchanan의 공화당 예비 경선 도전에 이르기까지 끈질기게 재생산되어 온 미국 정치의 어두운 그림자다.

이러한 고전적 논지를 상기할 때 우리는 미국 미디어의 표피적 묘사나 과장 어법을 넘어 다음의 질문을 차분하게 던져 볼 필요가 있다. 첫째, 트럼프 현상은 진정으로 미국 정치에 새롭게 등장한 사건인가? 둘째, 만약 아니라면 과거의 병적인 두려움 및 반지성주의 현상과의 연속성과 단절성은 무엇인가? 셋째, 이 역사적 측면의 비교가 오늘날 미국 정치의 미래에 던지는 시사점은 무엇인가?

위 세 가지 질문에 대답하기 위해 시대적 맥락은 다르지만 트럼프 현상과 가장 유사한 특징을 보인 바 있는 조지 월리스 현상에 주목하고자 한다. 과거 뉴딜 정치 질서에 도전했던 조지 월리스 전 앨라배마 주지사는 백인 기반의 극우 인종주의 제3당 후보(미국 독립당)로서 1968년 대선에 야심 차게 도전해 지금의 트럼프 현상만큼이나 큰 충격을 던진 바 있다. 극단적 스타일의 월리스에 대한 리버럴 엘리트들의 지독한 경멸에도 불구하고 당시 어느 백인 노동조합원이 "노동자 계급을 위해 일어선 유일한 정치가"라 칭한 것처럼 오늘날 트럼프 또한 백인 노동자층의 강력한 지지를 받고 있다. 더 나아가 월리스와 트럼프는 단지 스쳐 지나가는 운동이 아니라 보수주의 지형의 재편에 큰 파장을 일으키고 있다는 점에서 시공간을 거슬러 비교할 만하다. 이토록 유사한 월리스와 트럼프 현상을 비교하는 과정에서 트럼프 현상의 역사적 뿌리를 보다 풍부하게 이해하고 새로운 차이점을 드러낼 수 있을 것이다.

진보주의 시대의 트럼프, 월리스

미국 진보주의의 황금기인 뉴딜과 트럼프 현상은 서로 어울리지 않는 조합처럼 보인다. 하지만 뉴딜 시기에도 트럼프 현상은 존재했다. 1930년대부터 1968년까지 지배한 뉴딜 정치 질서는 기본적으로 고도로 발달한 금융의 투기적 행태에서 나온 경제 대공황, 소비에트 경제 모델의 매력이라는 위협에 직면한 리버럴 정치 세력이 남부의 보수적 정치 세력, 제너럴 일렉트릭 등 일부 기업, 백인 노동계와의 연합을 통해 새로이 형성한 정치 체제다. 마이크 데이비스Mike Davis가 《미국의 꿈에 갇힌 사람들》에서 지적했듯 애초 이 뉴딜 체제에 흑인들의 자리는 없었다. 1936년 흑인들은 루스벨트를 지지하기 위해 대거 공화당을 이탈했지만, 루스벨트는 남부 백인 민주당 의원들을 고려해 흑인 투표권을 지지하지 않았다. 결국 당시 새롭게 추가된 흑인 투표자는 25만 명을 밑돌았다.[15] 진보적 백인과 흑인 시민 운동, 흑인 노동자 운동의 격렬한 투쟁 및 전쟁에서의 희생, 소비에트와의 이데올로기 투쟁으로 더 이상 흑인 배제가 어려운 상황이 되고서야 뉴딜 질서는 본격적으로 민권 이슈를 다루기 시작했다. 존슨 시기의 민권 법안 통과는 바로 이런 배경에서 이루어졌으며 이는 민주당의 새로운 지지 기반 형성 및 뉴딜 연합 내 균열의 시작이었다.

과거 경제적 역동성을 가지며 황금기를 구가하던 뉴딜 시대는 1960년대 중후반 정점에 도달했다. 점차 인플레이션과 증세의 시기가 되었고 중산층과 노동자 계급의 임금은 정체 상태에 빠지게 되었다. 이 상황에서 뉴딜 연합에 흑인이 포함되었다는 것은 곧 생산되는 경제적 파이의 배분 투쟁을 의미했다. 단적으로, 1961~1968년 사이 백인들의 전체 수입이 56퍼센트 증가한 반면 비백인의 수입은 110퍼센트 증가했다. 뉴딜 리버럴 집권 시기에 흑인의 물질적 상태가 개선되자 그들이 백인 거주 지역 주변으로 이주하면서 인종 갈등은 더욱 격화됐다. 즉 과거 남부 일부에 국한된 것처럼 간주되었던 인종 분규 이슈가 점차 북부를 포함한 미국 전역의 주요 이슈로 부상한 것이다. 이제 물질적 배분 투쟁은 라이프 스타일 등의 가치 문제와 결부되어 타자에 대한 분노나 인종적 낙인의 투쟁으로 더욱 첨예해졌다. 당시 갤럽 여론 조사에 따르면 남부의 인종 격리 조치에 분노하던 북부 지역 백인들도 그것이 자신의 이웃 문제로 비화하자 점차 인종주의적 태도를 노골화했다.

공립 학교 인종 통합 반대의 상징적인 인물이었던 월리스 앨라배마 주지사의 정치적 부상은 아프리카계 미국인들의 물질적·정치적 영향력 강화에 대한 백인들의 점증하는 공포를 배경으로 했다. 그는 전국적 위협 인물로 부상했다. 더 이상 남부의 극단적 백인 지배 체제 아래의 비주류 이단아가 아니었다. 당시 월리스가 전국적 인물로 부상하면서 내세운 구호는 '미국을 위해 일어나라Stand Up for America'였다. 이는 트럼프의 '미국을 다시 위대하게'와 궤를 같이한다.

월리스의 등장에 따라 견고해 보였던 뉴딜 정치 연합은 흔들리기 시작했다. 원래 뉴딜 정치 질서의 핵심 지지 세력은 일부 자본 분파와 백인 노동계였다. 하지만 기존 금권 체제 등으로 이루어진 인사이더에 대한 분노를 선동하는 아웃사이더 영웅 월리스의 등장에 대한 백인 노조원들의 강력한 지지는 심지어 '월리스 감염 현상Wallace Infection'이라 불리며 뉴딜 정치 연합의 균열 가능성을 보였다. 월리스의 포퓰리즘이 백인 노동계를 흔들 수 있었던 이유 중 하나는 그의 노선이 단지 인종주의만으로 구성되지 않았기 때문이었다. 예를 들어 그는 1968년 캠페인에서 앨라배마주에서의 진보적 업적을 강조한 바 있다. 즉 교육, 복지, 도로, 농업 부분에서 뉴딜 민주당으로서의 진보적 성취를 강조하며 뉴딜 지지 연합에 소구하고자 했다. 이런 점에서 그의 포퓰리즘을 단지 KKK단과 같은 주변 인종주의 세력으로 협소하게 이해하는 것은 옳지 못하다.[16] 뉴딜 민주당원에 대한 월리스의 소구력은 1968년 9월 경 진행된 미국 노동 총연맹–산별 노조 협의회AFL-CIO의 비공개 설문 조사에서도 드러났다. 이에 따르면 노동조합 조합원의 3분의 1이 월리스를 지지했다.《시카고 선타임스Chicago Sun-Times》의 같은 시기 여론 조사에서도 시카고 백인 철강 노조원의 44퍼센트가 월리스를 지지했다. 당시 뉴딜 정치 질서의 계승자이자 친노동계 민주당 1위 후보였던 험프리Hubert Humphrey는 백인층에서 겨우 30퍼센트의 지지세를 획득했다. 전국 지지율에서도 월리스는 20퍼센트를 기록, 27퍼센트를 기록한 민주당 험프리 후보에 대한 본격적인 위협 세력으로 등장했고 심지어 추세의 역전까지 예상됐다.

백인 저소득층 노동자들에게 큰 인기를 끈 월리스의 선거 유세 스타일은 호프스태터가 말한 전형적인 반지성주의 경향을 가지고 있었다. 당시 민주당의 주류 정치가들은 케네디와 같은 지성주의 전통에 서 있었다. 케네디 가문은 동부 엘리트주의 흐름의 지적인 상층 라이프 스타일을 상징했다. 1968년 대선에서 민주당의 주류 후보였던 험프리나, 그에 대항하며 부상한 유진 맥카시Eugene McCarthy 모두 케네디 스타일의 지성주의 캠페인을 전개했다. 심지어 맥카시는 선거 유세에서 군중들이 달아오르자 본인이 먼저 열기를 가라앉히려 노력하기까지 했다.

월리스는 민주당의 주류 정치가뿐 아니라 전통적인 보수주의 진영의 태도와도 사뭇 달랐다. 미국의 전통적 보수주의 지성을 상징하는《내셔널 리뷰National Review》의 윌리엄 버클리William Buckley가 벌인 지식인 운동이나 새로이 신우익으로 부상하던 애리조나주 상원의원 배리 골드워터Barry Goldwater는 모두 이념주의적 보수로 구분할 수 있다. 특히 갈수록 영향력을 강화해 나간 골드워터는 후에 레이건에 의해 계승된 작은 정부론 등 시장주의 교조에 충실했고, 뉴딜 복지 체제를 정면 공격한다는 점에서 월리스보다는 더 정제된 이념주의적 입장을 보였다. 여기에는 기본적으로 대학 교육을 받은 중산층 활동가에 기반한 지성주의적 운동이라는 특징이 있다. 나중에 레이건은 골드워터의 지나친 이념적 지성주의 운동을 탁월한 할리우드식 역할 수행performance에 기반한 '대중적 보수주의popular conservatism' 운동으로 전화한다.

월리스의 유세는 케네디는 물론이고 골드워터와도 달랐다. 그는 타자에 대한 극단적인 막말과 부흥회를 연상시키는 강력한 원초적 에너지를 특징으로 했다. 월리스에게 전형적인 타자란 법과 질서를 어지럽히는 히피, 민권 '선동가들', 복지 수혜자들, 무신론자, 비트닉스beatniks[17], 반전 시위대, 공산주의자, 거리의 건달들이었다. 월리스는 특히 동부 엘리트에 대한 대중적 반감을 선동하면서 반전 시위자들도 미국의 전통적 문화 가치를 부정하는 '금수저 출신 자식들'이라고 경멸적으로 불렀다. 월리스는 유세에서 이들이 어린 시절 브로콜리를 충분히 먹지 못해 강간과 살인 성향을 띤다고 자극적인 막말을 늘어놓았고, 이에 대해 백인 지지자들은 열광적 에너지로 반응하곤 했다. 그의 유세를 본 한 관찰자는 마치 정치 버전의 재니스 조플린Janis Joplin 콘서트와 같다며 놀라움을 금치 못했고, 지성적 성향의 기자들은 충격을 받곤 했다.[18] 당시 전국적 미디어들은 월리스가 단지 인기를 추구하는 사기꾼인지 아니면 미국에 무솔리니 스타일의 파시스트가 등장한 것인지에 대해 심각한 논쟁을 벌이기도 했다. 이는 오늘날 진보 일각에서 트럼프를 파시스트로 생각하는 경향으로 재현되고 있다.

지금은 잊혀진 존재인 월리스는 기껏해야 과거 인종주의 시대 주변부의 이단아 정도로만 기억된다. 하지만 월리스가 남긴 흔적은 생각보다 매우 깊다. 과거 강경 보수주의 색채를 완화해 뉴 닉슨 전략으로 1968년 선거를 이끌었던 닉슨Richard Nixon은 월리스의 영향으로 인종주의 색채를 강화했다. 예를 들어 과거 학교의 인종 분리에 대해 위헌을 선언한 브라운 판결을 미온적이나마 지지했던 닉슨은 선거 캠페인에서 인종 통합 조치들에 대한 강력한 인종주의적 발언들을 했다. 닉슨이 선거 캠페인에서 주로 내세운 '법과 질서'의 대통령 및 '침묵하는 다수'를 위한 캠페인은 월리스가 자극적으로 일깨운 백인 노동자층의 분노를 동원하는 전략의 재현이라 할 수 있었다. 닉슨은 마치 월리스처럼 "그건 모두 법과 질서(이슈), 빌어먹을 깜둥이, 푸에르토리칸 그룹" 때문이라고 막말을 했다.

닉슨의 '월리스 따라하기'는 이후 월리스 에너지의 주류 내 편입을 유발했다. 월리스의 자극적 어젠다가 닉슨에 의해 수렴되면서 월리스는 투표 당일 힘을 잃어버렸다. 또한 닉슨과 험프리 간 지지율 격차가 좁혀지자 백인 유권자들은 월리스에 대한 지지로 민주당 주류인 험프리가 당선될 가능성을 우려하기 시작했다. 벤 와텐버그Ben Wattenberg라는 여론 조사가에 따르면, 5명 중 4명의 남부 닉슨 지지층은 월리스가 없다면 닉슨을 선택하겠다고 답했다고 한다. 더구나 월리스가 당시 극단적 호전주의자로 악명 높았던 르 메이Curtis Le May 공군 참모총장을 부통령 후보로 지명한 것은 여성층을 비롯한 유권자들에게 위험한 인물이라는 인상을 줬고 지지율 추락을 불렀다. 결국 닉슨은 월리스의 힘을 흡수해 43.4퍼센트 대 42.7퍼센트로 험프리에 힘겹게 승리를 거둔다. 월리스는 대선을 두 달여 앞둔 9월까지 험프리를 앞설 기세였지만, 결국 투표 당일 13.5퍼센트의 득표로 만족해야만 했다.

1968년 대선은 뉴딜 정치 질서가 최종적으로 붕괴하고 레이건 보수주의의 토대를 낳았다는 점에서 결정적 재편realignment을 가져온 중대 선거critical election로 평가할 수 있다. 월리스는 비록 닉슨의 '침묵하는 다수' 담론으로 그 에너지가 흡수되었지만, 월리스의 인종주의 레토릭은 이후 월리스보다 더 온건한 스타일로 대중성을 갖고 본격적인 보수주의 정치 질서를 연 레이건 시대 소위 '레이건 민주당원' 현상으로 이어진 바 있다. 레이건의 유명한 인종주의 낙인인 '복지 여왕welfare queen'[19]은 이미 월리스 단계에서 전형적으로 사용되던 담론이었다. 닉슨과 레이건을 거치며 공화당은 백인 저소득층 노동자의 계급적 분노와 타자에 대한 적대감 및 반지성주의를 체계적으로 이론화하고 이를 선거 전략에 활용하는 데 출중한 능력을 발휘한다. 그 첫 계기는 공화당 전략가인 케빈 필립스Kevin Phillips의 부상하는 공화당 다수파emerging Republican majority 이론이다. 당시 구가한 포퓰리즘은 마이클 카진Michael Kazin이 지적한 것처럼 '기성 엘리트층 대 평범한 시민들의 적대감'이라는 이원적 대립 구도를 활용해 리버럴 엘리트를 기득권으로 낙인찍었다. 트럼프는 월리스를 계승해 포퓰리즘 전략을 탁월하게 구사하며 미국 정치의 주류에 본격적인 도전장을 던졌다.

공화당은 21세기의 무지당이다

월리스가 뉴딜 정치 질서의 자본 분파, 리버럴과 개혁 보수주의자 등 인사이더에 대한 정면 도전이었다면 트럼프는 레이건 정치 질서 및 그 이후 오바마의 신진보주의 질서를 포함한 인사이더들에 대한 정면 도전이라 할 수 있다. 골드워터와 월리스의 '침묵하는 다수' 백인 운동의 수렴으로서 닉슨과 레이건은 원래 보수주의의 대혁명이라는 기대감 속에서 출범했다. 특히 스커러닉Stephen Skowronek에 따르면, 레이건은 기존 정치 질서를 전면 재편하는 재구축reconstructive의 리더십이라 불린다. 하지만 닉슨은 당선 직후 민주당과 타협을 통해 환경청 설치 및 기본 소득 등 복지 노선을 추구하고 '악의 세력'인 중국과의 수교로 보수 진영을 충격에 빠뜨린 바 있었다. 레이건도 과장된 보수주의 어법을 내세우면서도 실제 정책 수행에서는 실용주의자로서 국내외 노선에서 상당히 많은 부분을 민주당 및 당내 온건 보수주의자들과 타협을 통해 진행했다. 예를 들어 국제 안보 노선에서 신보수주의자들의 강력한 압박에도 불구하고 고르바초프Mikhail Gorbachev 서기장이 이끄는 소비에트와의 공존 노선을 선택했다. 국내 노선에서도 팁 오닐Thomas Tip O'Neill 하원의장이 이끄는 민주당과 예산 등에서 타협을 통해 정국을 운영했다.

닉슨과 레이건 이래로 이어진 공화당의 주류 엘리트 실용주의를 전면 거부하기 시작한 분기점은 1995년 깅리치 하원의장의 '미국과의 계약'이다. 토마스 쉘러Thomas Schaller에 따르면 당시 공화당은 레이건의 당이 아니라 깅리치의 당이었다. 깅리치 이후 공화당은 개혁적 보수주의자들을 거의 다 쫓아내고 백인 집토끼에 호소하는 강경 보수주의자들의 전투적 운동 정당으로 바뀌었다. 이들은 의회를 장악하고 입맛대로 선거구를 조정해 강경 보수주의자들이 집토끼만으로 안전하게 당선될 수 있도록 만들었다.

점차 공화당 내 예비 경선에 참여하는 유권자층의 색깔도 보수화됐다. 다양한 이념 성향이 포괄된 본선 유권자층과는 사뭇 달라졌다. 결국 공화당 지지층과 본선 유권자층의 갭은 이들이 지역 선거에서는 승리하고 백악관은 계속 놓치는 사이클을 공고히 해버렸다. 과거 월리스는 정당의 예비 경선에 강력하게 도전하기 어려웠지만 트럼프는 깅리치 이후 이 변화된 내부 지형 속에서 대선 후보로까지 부상할 수 있었다.

하지만 월리스 시절보다 트럼프 운동이 더 강력할 수 있었던 이유는 단지 깅리치 혁명이 만들어 놓은 당내 역학 관계만으로는 설명이 부족하다. 오늘날 미국은 과거 월리스 시대와 비교할 수 없을 정도로 아메리칸 드림에 대한 확신이 급속히 사라지고 있다. 역동적 가능성이 존재하면 인간은 희망을 찾는다. 반면 긴 터널의 끝이 잘 보이지 않으면 절망적 운동에 호소하게 된다. 노벨 경제학상을 수상한 디턴Angus Deaton이 분석한 것처럼, 약물 중독 등으로 인한 백인 중년층 사망률이 선진국 중 유일하게 상승하고 있다는 지표는 이들 백인 중년층의 절망감을 시사한다.

과거 레이건 보수주의 및 그를 계승한 조지 부시 시대를 종료하고 1992년 서민에 기초한 경제 노선Putting people first economy을 펼칠 것으로 기대한 클린턴 시대도 결코 백인 저소득층에게 새로운 희망을 주지는 못했다. 클린턴은 레이건 정치 질서 아래서 더 이상 달콤한 뉴딜 민주주의 시대는 돌아오지 않을 것이라는 냉정한 현실과 자본이 주도하는 지구화의 힘을 일찍부터 깨달은 네오 리버럴이다. 클린턴 등이 주도하는 젊고 야심만만한 새 정치 그룹은 남부의 보수적 민주당 계파 및 동부의 진보적 리버럴 계파들을 적당히 어우르며 리버럴들의 대안적 문제 해결 세력으로 자리 잡았다. 클린턴은 루스벨트를 계승하는 대신에 레이건 보수주의 시대의 리버럴 노선에 충실했다. 그는 균형 예산을 통해 다시 자본의 힘을 강화하면서도 일부 소득세 최고 세율 인상 등을 통해 극단적 힘의 불균형을 완화하고자 했다. 기존 뉴딜 시대에 노동의 반격 속에서 70퍼센트에 육박하던 최고 세율이 다시 자본의 반격 시대에 28퍼센트로 인하됐는데, 클린턴은 이를 겨우 39.6퍼센트로 인상하는 데도 공화당의 극렬한 저항에 직면해야 했다. 이 요란했던 소득세 전투를 제외하고 클린턴은 전반적으로 자본의 헤게모니를 강화하는 비전에서 공화당과 큰 차이가 없었다. 그는 1997년 자본 이득세를 20퍼센트 인하했고, 뉴딜 정치 질서의 핵심인 금융 규제를 강화하는 글래스 스티글 법Glass-Steagal Act[20]을 무력화했다. 그리고 자본과 노동의 격차가 증대하는 가운데 삶의 질이 악화된 중산층과 하층을 주택 소유의 꿈으로 달랬다. 라구람 라잔Raghuram Rajan이 《폴트 라인Fault Lines》에서 분석했듯이, 부시가 이후 '소유자 사회의 꿈'을 설파하며 서브 프라임 모기지 사태를 유발시킨 비극의 씨앗은 이미 클린턴 시기에 뿌려졌다. 카터가 레이건을 준비했듯이 클린턴은 부시의 등장을 예고한다.

오바마 시대는 1992년 클린턴 시대와는 비교할 수 없을 정도로 큰 기대감에서 출발했다. 클린턴은 레이건 보수주의의 자장하에서 움직였지만, 오바마는 경제 대공황 이후 새로운 정치 질서를 여는 '재구축reconstructive'의 리더십으로 간주되었기 때문이다. 하지만 노벨 경제학상을 수상한 스티글리츠Joseph Stiglitz는 《불평등의 대가The Price of Inequality》에서 아메리칸 드림의 부활을 약속한 오바마의 임기 중에 벌어진 아이러니들을 분노에 찬 어투로 다음과 같이 기록했다. 금융 위기 타개책 이후 오바마 임기 초반 여론 조사에서 이미 거의 절반의 미국인이 미국 경제 시스템이 공정하지 못하다고 불만을 쏟아 내기 시작했다. 불공정한 느낌보다 더 화가 나는 사실은 그 결과 살림살이가 더 나빠졌다는 점이었다. 상위 1퍼센트의 실효 소득세율이 중위계층보다 낮다는 어처구니없는 부정의의 결과로 2002~2007년 상위 1퍼센트는 국민 소득의 65퍼센트를 가져갔다. 구제 정책 혜택의 상당수가 이들에게 돌아간 것이다. 이것이 바로 그들이 그토록 기대하던 오바마 임기 중에 벌어진 일들이었다. 또한 2009년 대비 2010년에 추가로 창출

된 소득의 93퍼센트를 상위 1퍼센트가 가져갔고, 반면에 대부분 주택 형태로 부의 비율이 구성된 중위 계층은 2007~2010년 사이에 자산이 거의 40퍼센트나 감소했다고 스티글리츠는 고발했다. 중하층의 현실은 더 기막히다. 하위 25퍼센트의 평균 자산이 경제 위기 이전에는 마이너스 2300달러였지만 경제 위기 이후에는 마이너스 1만 2800달러로 무려 여섯 배나 하락했다. 이 중산층과 하층의 자산 감소가 청년층의 등록금 부담과 결합하면 가계 부채 악화와 청년층의 미래가 저당 잡히는 현실로 비화된다. 2005~2010년 사이에 공립 대학교 수업료는 평균 17퍼센트 증가하였다. 2007~2008년부터 2012~2013년 사이에 물가 상승률을 감안한 등록금 인상률은 2년제 공립의 경우 104퍼센트, 4년제는 74퍼센트나 됐다.[21] 오바마의 등장으로 아메리칸 드림이 부활하기는커녕 완전히 문이 닫히는 디스토피아가 시작된 것처럼 보일 수밖에 없었다.

    이후 등장한 티 파티 운동 등 보수 포퓰리스트 운동들은 미국 풀뿌리 차원에 전통적으로 흐르는 반연방주의, 작은 정부론, 동부 엘리트 혐오론 등의 인화성 연료를 기반으로 오바마의 개혁 조치에 대한 강력한 반발을 드러냈다. 단일한 중앙 집중식 지도부가 아니라 전국적으로 풀뿌리 차원에서 분산된 개별 운동의 느슨한 네트워크로 전개된 이 시민 정치 운동 흐름의 본질은, 리버럴 어젠다를 혐오하는 보수적 이념에 모든 기성 엘리트에 대한 적개심이 결합된 '보수 포퓰리즘' 운동이라 할 수 있다. 기존 공화당을 뒷받침하는 억만장자 코크 형제Charles and David Koch 등 거대 자본들은 흐뭇하게 이 열정적 운동을 반기며 배후에서 다양한 후원을 아끼지 않았다. 결국 이들은 거리의 티 파티 시민 정치 운동에서 나아가 의회를 점령하려는 '오큐파이 펜실베이니아 애비뉴Occupy Pennsylvania Avenue' 운동으로 발전했다.

이 흐름에 힘입어 2016년 트럼프와 선두를 다툰 대선 후보 테드 크루즈Ted Cruz 텍사스 상원의원, 티 파티의 여왕인 미셸 바크먼Michele Bachmann 미네소타 하원의원, 마코 루비오Marco Rubio 플로리다 상원의원, 랜드 폴Rand Paul 켄터키 상원의원 등 스타들을 만들어 내며 그 힘의 절정기인 2010년 중간선거에서 30명이나 되는 '티 파티의 아이들'을 의회에 입성시키는 기염을 토하기도 했다. 배후에 각 지역구의 강력하고 전투적인 시민 정치 운동 세력을 보유한 이들의 막강한 힘 때문에, 심지어 미치 맥코넬Mitch McConnell 같은 강경 보수 지도부조차 자기의 참모를 임명할 때 티 파티의 눈치를 볼 정도였다. 이 당시 맥코넬의 경험은 이후 티 파티의 계승자인 트럼프에게 꼼짝 못하고 충성하게 되는 계기가 된다.

티 파티 운동은 이후 백만장자 포퓰리스트인 트럼프의 자장에 수렴된다. 트럼프는 포퓰리즘의 본질에 더욱 충실하다. 그의 발언은 도무지 종잡을 수가 없다. 기득권의 카르텔을 거부하기도 하고, 부자 증세를 말하기도 한다. 마치 월리스가 당시 금권 정치 체제를 비판한 것처럼, 트럼프 또한 금권 정치를 강력히 비판한다. 정치적 후원을 받는 젭 부시나 다른 후보들 앞에서, 트럼프는 당신들의 후원자에 대항하는 발언을 할 수 있냐는 질문을 던졌다. 그리고 본인은 자기 돈으로 선거 운동을 하는 반反금권 정치의 대표 주자라고 주장했다. 백만장자가 반금권 정치라니 아이러니하고 기괴한 논리였지만 유권자들에게는 먹혔다. 이것은 과거 1992년 대선에서 개혁당 로스 페로Ross Perot 후보가 이미 보여 준 백만장자 포퓰리즘의 한 유형이다.

　　트럼프가 의료 보험 개혁 반대 등에서 주로 불이 붙은 티 파티 운동보다 더욱 위력적일 수 있었던 이유는, 월리스류의 인종주의 및 반이민 정서를 가장 강력히 대변하기 때문이다. 인간은 빵만 먹고 살지 않기에 단지 경제적 양극화만이 적대적 정치를 양산하지는 않는다. 이 문명 충돌의 주 전선은 두말할 것도 없이 이민이다. 아브라자노와 하이날Marisa Abrajano and Zoltan Hajnal은 2012년 하원 선거의 프리즘으로 보면 이제 이민이 계급, 세대, 성별 지수보다 더 중요한 균열점이 되었다고 선언한 바 있다. 유권자들이 어떻게 투표하고 어떤 정당과 연결되는지 판단하는 핵심 준거가 계급이 아니라 이민이라는 얘기다. 사실 이는 비단 하원 선거에만 국한된 가설이 아니다. 오바마의 2008년 집권 이후 4년 만에 열린 2012년 대선은 미국 역사상 인종적으로 가장 양극화된 선거라 할 수 있었다. 위의 분석에 따르면 2012년 대선에서 인종(41퍼센트)은 수입(18퍼센트)이나 세대(20퍼센트) 범주보다도 두 배는 더 큰 영향을 미쳤다.[22] 이 대선에서 흑인 93퍼센트, 히스패닉 71퍼센트, 아시안 73퍼센트가 민주당을 선택했고 백인 56퍼센트가 공화당을 선택했다.

물론 아브라자노는 여전히 미국에서 태어난 백인이 인구의 63퍼센트이고 특히 실제 표로 그 효과가 나타나는 선거에서 유권자의 70퍼센트 이상을 차지한다는 사실에 주의를 환기시키고 있다.[23] 하지만 21세기 중반으로 가면 백인은 소수로 전락한다는 점에서 미래는 백인 정체성 편에 있지 않다. 그들은 지금 황혼기에 있다. 특히 그간 정치적 권리 행사에서 '잠자는 거인'이었던 히스패닉은 기존 소수계의 대표인 흑인을 대체하는 가장 큰 집단으로 부상하였다. 과거 인종 이론에서 흔히 분석의 틀로 등장하는 백인 대 흑인의 이원론은 이미 오래전부터 낡은 이론이 되었다. 오히려 지금은 히스패닉이 새로운 반이민 세력의 선동 소재로 빈번하게 등장한다.[24] 즉 이들이 투표에서 앞으로 영향력을 더 거세게 행사할수록 미국이 헌팅턴의 문명의 충돌 테제가 실감 나는 세상으로 변모해 가는 셈이다.

위의 현실 인식과 달리 강준만 교수 등 일부 학자들은 트럼프 현상을 진단하면서 미국의 양당이 서로 본질적 차이가 없기에 사소한 차이를 과장해서 서로 적대성을 부각시킨다고 본다.[25] 하지만 월리스 시대에도 그러했듯이 백인 우월주의자들의 새로운 미래에 대한 공포는 실존하는 공포이다. 미국의 지성주의적 리버럴들은 도대체 이 소설 같은 이야기가 왜 아직도 공화당 대선 후보들에 의해 공론화되는지 이해하지 못해 고개를 흔들어 댄다.

일부 전략가들이 사소한 차이를 침소봉대해서 현재의 적대적 갈등이 생긴 것이 아니라, 오늘날 트럼프 지지자들은 '문명의 충돌' 차원에서 자신들과 엘리트들의 대립을 이해한다. 헌팅턴류의 문명의 충돌론자들은 자신들이 정상이라고 생각하는 시대를 복원하기 위해 어떤 극단적 아이디어도 마다하지 않는다. 이들은 그간 미국의 주인이라고 자부해 왔던 자신들의 지위가 흔들린다는 위기감을 가지고 있다. 이들에게는 그간 공화당이 주도권을 유지해 온 의회도 성에 차지 않는다. 지난 30년간 하원 민주당 코커스Caucus가 두 배 더 진보적으로 변모했다면, 공화당의 코커스는 여섯 배나 더 보수화되었지만 이들은 여전히 목이 마르다.[26] 공화당 예비 경선에서 티파티 출신 루비오 상원의원이 이민 개혁 법안에서 민주당과 타협을 시도했다는 이유로 심한 비난을 받은 예는 매우 상징적이다. 과거 월리스 시대에는 그래도 정당 내 온건파들에 의한 교차 연합이 가능했지만, 오늘날 민주당과 공화당은 정당 내 튼튼한 규율을 가지고 문명적 차이로 서로를 이해하고 있다. 개혁 보수주의자였던 존 매케인John McCain 상원의원은 트럼프 시대를 맞아 이민에 대한 강경한 입장으로 전환해 버렸다.

트럼프를 지지하는 이들은 토박이들이 중시하는 가치와 삶의 태도가 낡은 것으로 부정되는 상황에 직면하면서 소수계 이민자들에게 분노를 쏟아 내고 있다. 지금 보수적 백인 남성들은 아프리카계 미국인만이 아니라 잠자던 거인인 히스패닉이 깨어나자 공포에 몸을 떤다. 이미 캘리포니아는 미국의 미래 전시관이다. 과거 반이민 운동의 성지였던 이곳은 유권자 중 히스패닉 수가 임계점을 넘어 민주당과 소수계의 가치와 이익이 강력히 지배하는 지역이 됐다. 21세기 중반이 되면 미국에서 백인은 소수 인종이 된다. 월리스가 여전히 주류인 백인 보수주의 진영으로서 부상하는 흑인들에 대한 경계이자 위기감을 표출한 운동을 벌였다면, 트럼프는 다시 좋았던 과거 백인(특히 남성) 지배 세상으로 돌아가고 싶은 이들의 절망적 황혼기 몸부림이다. 바로 이 차이가 월리스는 주변부 운동에 머물게 하고 오늘날 트럼프를 제3당 운동 정도가 아닌 대통령으로 만들어 냈다. 가정이지만 만약 트럼프가 제

3당 운동을 전개했다면 그는 단순 다수제의 미국 선거 특성상 지금만큼 위력을 발휘하기 어려웠을지 모른다. 트럼프는 월리스와 달리 공화당 점령 운동이라는 대담한 길을 선택했고, 본선에서도 보수적 백인층을 적극 동원하는 전략으로 결국 월리스가 갖지 못한 대통령직을 거머쥐었다.

과거 월리스와 오늘날 트럼프 현상의 또 다른 결정적 차이는 뉴 미디어를 활용한 포퓰리즘이다. 트럼프라는 백만장자 포퓰리스트는 미국이라는 토양에서 특히 매력적인 '셀러브리티 포퓰리즘celebrity polulism'을 보여 줬다. 미국은 자수성가한 영웅이 지배하는 나라다. 모든 역경을 겪고 결국 부를 성취한 이를 미국만큼 동경하는 나라는 없다. 트럼프는 〈어프렌티스The Apprentice〉라는 유명한 리얼리티 텔레비전 프로그램에서 보여 준 "너는 해고야You are fired."라는 발언과 수많은 기행으로 이미 대선 전부터 초특급 스타였다. 미국인들에게 성공한 괴팍한 기업가 트럼프의 정치 도전기는 그 어떤 리얼 서바이벌 게임보다 흥미롭다. 그들은 이제 정치적 올바름을 벗어던지고 공적인 장에서 마음껏 붉은 피를 보고자 한다. 〈파이트 클럽〉의 주인공이 철철 흐르는 피를 보며 살아 있다는 실감을 느끼듯이, 미국의 일부 유권자들은 트럼프의 에너지 넘치는 난투극을 보며 자신의 존재감을 리얼하게 확인한다. 트럼프는 때로는 라스베이거스 특설 링에서의 권투 경기처럼, 때로는 에너지 드링크 브랜드 판매 사원처럼 자신을 교묘하게 판매한다.

반지성주의적 월리스와 유사하게도 트럼프와 지지자들에게 중요한 점은 '팩트 체크'가 아니라 분노의 랩이다. 특히 월리스가 살았던 모던 시대에 비해 포스트모던 시대인 지금은 진실의 가치가 더 낮다. 오히려 양극화된 대결에서 내 편 선수를 지키는 게 더 중요하다. 케네디와 닉슨의 우아한 지성주의적 대결로 상징되었던 미국 대선 토론은 이제 뉴 미디어 시대에 링에서의 난투극이나 트위터에서의 격정 토로 정도로 변질되었다. 반지성주의가 지성주의를 압도하는 시대로 전환된 것이다. 오늘날 자극적인 뉴 미디어의 시대에 지성주의적 엘리트들은 자신들의 영향력을 갈수록 잃고 있다. 과거 월리스가 결코 쟁취하지 못한 지성주의와의 대결에서의 승리를 이제 포스트모던 시대에 트럼프가 얻어 내고 있는 것이다.

마지막으로 월리스 현상보다 트럼프 현상이 더 위력적인 이유는 트럼프 현상이 단지 반인종주의 지형만이 아니라 지구적 경제 대위기 및 극우 포퓰리즘 운동의 번성과 맞닿아 있다는 점에서 찾을 수 있다. 월리스 시대에는 유럽 차원에서 진보적 운동이 상승하는 흐름이었다면, 오늘날에는 미국만이 아니라 유럽 등지에서도 반이민 선동의 보수 포퓰리즘 운동이 번성하고 있다. 물론 스페인의 포데모스Podemos나 미국의 샌더스 현상처럼 진보 측의 포퓰리즘 운동도 동시에 일어나지만, 전반적으로는 경제 대위기, 저성장, 인공지능 시대 일자리 위협, 테러 공포 등을 배경으로 타자를 배척하는 보수 포퓰리즘 번성의 토양이 더 비옥하다. 트럼프 현상은 이 지구적 보수 포퓰리즘 운동의 일환이라는 점에서 월리스 현상과는 사뭇 궤를 달리하고 있으며, 그 파장도 훨씬 더 지구적이다.

트럼프의 정치 운명은 4년의 임기로 끝날지 모르지만, 트럼프주의 현상은 이제 본격적인 시작이라 할 수 있다. 오늘날 아메리칸 드림의 퇴색과 새로이 주류로 등장하는 히스패닉 등의 상승세, 신진보주의적 가치의 득세가 존재하는 한 소수화되는 백인 우월주의자들의 필사적인 반격은 불가피하다.

과거 20세기 백인 우월주의 운동의 상징인 월리스가 이후 태어난 닉슨과 레이건 보수주의 운동의 산파였다면, 21세기 트럼프 현상은 이후 보수주의의 산파가 될 것이다. 지금 공화당은 이 트럼프 현상의 지지자들이 대거 유입되어 기존 인사이더들과의 대립 구도가 더욱 공고해졌다.

공화당은 두 가지 선택의 길 앞에 놓여 있다. 하나는 새로이 유입된 강력한 트럼프 지지자들에 기반한 '침묵하는 다수' 운동으로 가는 길이다. 다만 닉슨과 레이건이 그러했듯이 트럼프의 자극적 레토릭을 완화한 새로운 세련된 트럼프의 등장이 필요할 것이다. 하지만 길게 보면 이 길은 과거 월리스를 계승한 닉슨의 운명보다는 훨씬 암울하다. 백인은 인구학적으로 침묵하는 다수가 아니라 침묵하는 소수가 되어 가고 있기 때문이다. 오늘날 중장기적으로 당의 미래를 고민하는 공화당 전략가들은 이 절망적 인구 분포 경향에 기초한 전략 효용성에 대한 고민에 빠져 있다. 이들은 다양한 스펙트럼이 내부에 존재하는 히스패닉 그룹에 대한 분할 전략을 통한 트럼프 진영의 집권을 고민한다.

또 하나의 길은 오늘날의 공화당을 붕괴시키고 문화 인종 다원주의 시대에 조응하는 새로운 보수 운동으로 재편해 나가는 길이다. 히스패닉계 등 새로운 주류로 부상하는 젊은 인물군 및 이들에 의해 새 시대에 적응한 세련된 가치 운동을 전개하는 길이 공화당이 선택할 수 있는 또 다른 길이다.

하지만 오랫동안 리버럴 정권에 빼앗겼던 백악관을 우연히도 트럼프 덕분에 다시 찾은 공화당이 이 노선을 선택할 가능성은 당분간 거의 없다. 트럼프 현상이 생기기 전부터 공화당은 이미 지나칠 정도로 깅리치와 트럼프의 정당으로 고착화되어 있었다. 그리고 지금 공화당은 완전히 트럼프의 당이다. 데이비드 브룩스David Brooks《뉴욕타임스》칼럼니스트 같은 바깥의 지성주의적 보수 운동은 과거 저명한 보수 지성인이었던 버클리William Buckley의 시대와 달리 자극적인 텔레비전과 뉴 미디어의 시대에 그리 큰 영향력을 발휘할 수 없다. 앞으로 위기가 크게 닥치거나 대선에서 패배한 후에야 공화당은 심각하게 이후 진로에 대한 논쟁에 직면할 것으로 보인다. 이제 월리스, 깅리치, 트럼프로 이어지는 흐름은 완전히 미국 정치의 주류가 되었다. 공화당은 이제 21세기의 무지당이 되었다.

5 트럼프는 시스템에 길들여질 수 있는가?

"사회 구조란 제거될 수도 있지요. 모든 것이 제거되었을 때 무엇을 하시겠습니까?"

- 수도사 토머스 머튼(Thomas Merton)의 말 중에서

과정과 절차의 파괴자, 트럼프

트럼프 집권 이후 모든 점에서 불확실성이 너무 커지자 한국의 지식인들은 도대체 미국의 정책 결정 과정이 어떻게 이루어지는 건지 의아해한다. 그런 질문을 받으면 매우 곤혹스러운 심정에 처한다. 트럼프 이후 모든 상식과 정교한 프로세스가 무너지고 있기 때문이다. 박근혜 정부 시절 신뢰 프로세스라는 온건한 대북 접근이 하루아침에 폐기되고 강경한 압박 노선으로 선회하거나 반대로 '통일은 대박'이라는 부동산 투기 노선이 결정될 때 지식인들 사이에서 숨겨진 배후에 대한 말들이 많았듯이 말이다.

유학 시절 미국 정치를 공부할 때 '듀 프로세스(Due Process·적법한 절차)'란 말을 지겹도록 들으며 한국 민주주의와의 차이를 실감하곤 했다. 이제 한국에서도 민주화 이후 이명박, 박근혜라는 권위주의적 정부를 거치며 민주주의란 단지 선거에서의 선출만으로 완성되기보다는 그 이후 모든 사안에서 듀 프로세스 정착이 중요하다는 것을 깨달아 가고 있다. 듀 프로세스를 포함한 정교한 과정 관리 시스템은 한국이

감히 따라갈 수 없는 미국 제도의 자부심이다. 이러한 시스템에 대한 기본을 강조하는 이정동 교수의 책《축적의 시간》이 한국에서 베스트셀러가 된다는 사실은 우리도 이제 조금씩 선진국화되고 있다는 징후로 보인다. 하지만 우리가 그토록 부러워하는 미국의 선진 시스템도 언제든 부서질 수 있는 연약한 구조에 불과하다는 걸 미국인들은 절감하고 있다. 최근 미국에서 권위주의나 파시즘에 대한 신간이 쏟아져 나오는 유행은 이 심리적 충격과 무관하지 않다.

    미국의 전문가들이 트럼프 집권 이후 가장 먼저 실감 나게 미국의 정교한 프로세스가 훼손되고 있음을 절감하는 영역은 국가 안보다. 특히 그동안 수십 년 세월을 겪으며 정교하게 진화했던 국가 안전 보장 회의는 탄생 이래로 가장 무력화되고 있다. 사실 국가 안전 보장 회의는 미국 국가 안보 시스템 진화의 꽃이다. 이 제도는 대통령 1인의 비밀주의와 자의적 판단력에 기대기보다는 다양한 경험과 접근법에 의한 견해들이 충분히 검토되고 난 후에 신중한 결정을 내리는 시스템이다. 흔히 한국에서는 쉽게 미국 대통령제를 이상화하는데 루스벨트, 케네디를 비롯해 미국 역대 대통령들은 온갖 비밀주의와 탈법 속에서 당선되거나 당선 이후에도 자의적 권력을 행사했다는 것을 기억할 필요가 있다.[27] 국가 안전 보장 회의 시스템은 다양한 부침을 거치면서 진화해 부시 1세 시절 브렌트 스코크로프트Brent Scowcroft 같은 지혜로운 지휘자 시절에는 최고의 성과를 내기도 했다.

하지만 오늘날 트럼프와 그의 국가 안보 보좌관인 볼턴 John Bolton은 견제받지 않는 오만한 황제 같은 캐릭터이다. 볼턴은 특히 냉전 시절에나 통하는 자신의 화석화된 이념적 편견으로 사실을 왜곡하는 경향으로 워싱턴 정가 기피 대상 1호였다. 다양한 의견을 조정해 대통령에게 최선의 경로를 제안해야 할 국가 안전 보장 회의 실무 운용자의 자격에 전혀 어울리지 않는다. 볼턴 체제하에서는 주요 관계 부처 장관들이 참석하는 국가 안보 회의나 그 아래 차관급의 실무 조정 회의가 동면기에 돌입했다고 한다. 이슈에 따라서는 하루에 몇 번이라도 열리기도 하는 이 조정 회의들이 기껏해야 일주일에 1~2회 형식적으로 열린다. 많이 열릴수록 볼턴의 자의적 권력 행사 기회가 늘고 다양한 이견이 대통령에게 올라갈 기회가 봉쇄되기 때문이다.

심지어 트럼프는 국가 안보의 대사를 논의하는 시스템에 한때 외교 안보에 무지한 스티브 배넌을 배석시켜 구설수에 오르기도 했다. 오로지 트럼프의 재선과 자신의 극우 이념 어젠다에만 관심 있는 배넌의 참여는 국가 안보의 정치화라는 매우 왜곡된 시그널을 줄 수 있는 위험천만한 결정이다. 물론 배넌 같은 정무통은 과거에도 다양하게 외교 안보에 영향을 미치고자 했다. 외교 안보 영역도 대통령의 지지율 등에 결정적 영향을 미치는 정무적 사안이어서다. 예를 들어 1994년 이후 클린턴의 귀를 잠시 장악했던 정치 용병인 딕 모리스Dick Morris는 자주 외교 안보 이슈에서 클린턴에게 정치적 조언을 하곤 했다. 다행히 국가 안보와 정무를 구분할 정도의 상식을 가진 클린턴은 이를 한쪽 귀로 흘려버렸다. 르윈스키 스캔들 당시의 이슈 물타기이자 북풍의 전형적 사례로 유명한 미사일 공격 소동도 사실은 알 카에다 간부 출현의 정보에 따른 정보 기관과의 신중한 토론 끝에 내려진 초당적 결정이었다.

반대로 트럼프의 외교 안보에 대한 판단은 대개 정치적이고 충동적이다. 트럼프의 의사 결정은 주로 과거 사업가 시절부터 형성된 선입견에 의존한다. 무역 적자는 절대악이라는 단순 무식한 개념이 전형적인 예다. 트럼프의 선입견은 즐겨 보는 폭스 채널로 인해 더 공고해진다. 트럼프는 밤에 맥도널드 햄버거로 혼자 식사하면서 루 돕스Lou Dobbs 등 극단주의 성향의 정치 평론가들의 논평을 보고 떠오른 생각을 트위터에 배설한다. 혹은 삼류 연예 폭로 기사를 싣는 타블로이드지 《내셔널 인콰이어러National Enquirer》의 패커David Pecker 회장 등 사업계 쪽의 지인 몇 명에게 전화를 걸어 의견을 묻는다. 그리고 다음 날 볼턴 같은 극단주의자의 보고를 받고 필요한 의견을 취사선택한다. 이 과정에서 다양한 찬반의 의견 수렴이나 판단 그룹 운용은 거의 없다.

　　트럼프의 자의적 의사 결정 과정은 그의 사업가 시절 습관과 경험에 기인한다. 흔히 거대 기업의 이사회 의장이나 CEO 출신들은 비교적 체계적 의사 결정을 통한 판단력 행사에 익숙한 편이다. 오랜 고도의 단련을 통해 이들은 자신의 직관이나 판단이 때로는 틀릴 수밖에 없다는 평범한 진리를 깨닫는다. 하지만 이들조차도 행정 경험이 없으면 기업과 국가의 차이를 잘 구별하지 못하곤 한다. 기업은 CEO가 주로 주주들에게 이윤을 책임지는 단순한 구조이지만 정부는 공적 가치를 추구하며 그 이해관계자가 너무나 다양하다. 따라서 다양한 가치와 단기 이윤인 지지율 사이에서의 균형 있는 판단과 매우 복잡한 의사 결정 구조를 이해해야 한다. 미국의 건국 시조들은 기업식 효율성과 생산성보다는 신중함의 미덕을 강조한 제도를 설계했다. 이 디자인 덕분에 병목 현상이 생기는 부작용이 있지만 그래도 최소한 국가 이익은 지혜롭게 유지되고 있다.

　　아이젠하워 대통령 같은 일부 탁월한 예외를 제외하고는 CEO 출신 정치가들은 상대적으로 국가의 의사 결정 과정에 둔감한 경우가 많다. 특히 트럼프는 자의적 권력을 휘두르는 부동산 제국 사업가 출신이라 CEO 대통령 모델 중 가장 행정부와 어울리지 않는 유형이라 할 수 있다. 1인 기업 제국의 총수인 트럼프의 뇌 구조에는 행정부 직원들이 총수를 위해 충성하는 회사원이라는 인식이 박혀 있다. 반면에 트럼프에게 의회는 말만 많고 음모나 꾸미는 비생산적인 집단에 불과하다. 이러한 사업가 기질은 정치를 생산적 정치와 비생산적 정치로 구분하는 파시스트의 인식 구조와도 유사하다.

흔히 트럼프와 비슷한 반反정치 유형의 전형적인 포퓰리스트로 레이건이 거론된다. 레이건은 말이 과격했고 극단적인 이념파들을 대거 고용했다. 하지만 동시에 비서실장을 통해 물밑에서 의회와 온갖 타협을 모색했고 미국의 복잡한 견제 제도에 비교적 성공적으로 적응했다. 하지만 트럼프는 사업가 시절의 습관 그대로 대통령 임기 동안 지루하고 폼이 나지 않는 타협의 예술보다는 자의적 지배와 순도 높은 성취를 추구한다. 물론 조지 부시 시절에도 백악관 자문역이었던 존 유John Yoo는 대통령의 자의적 권한 행사를 법적 이론화해서 미국 내 자유주의자들에게 충격을 준 바 있다. 과거 1970년대 닉슨 시절에 오명을 얻은 제왕적 대통령제는 오늘날 미국에서 금기어이기 때문이다. 그래도 존 유의 제언은 대통령에게 상당한 권한을 위임하는 풍토가 존재하는 외교 안보 사안에 국한된 이야기이다. 하지만 트럼프는 대통령이 펼치는 모든 영역에서 자의적 지배를 추구한다. 트럼프에게 미국 정부 관계자는 트럼프 제국의 회사원일 뿐이다.

이탈리아 미디어 재벌 출신 파시스트이자 CEO 총리 유형이었던 베를루스코니Silvio Berlusconi에게서나 볼 수 있는 전무후무한 회사 통치 기술 때문에 트럼프는 탄핵의 담장 위에서 아슬아슬한 곡예를 하고 있다. 특정 정당의 수장이 아니라 국가 안보에 충성해야 하는 FBI 국장을 마치 마피아 조직원처럼 부리려고 했다가 이에 충격을 받은 코미James Comey 전 국장과 결별한 것은 좋은 예다. 국무부는 마음에 들지 않는다고 기구의 역할마저 축소시켜 버렸다. 환경 보호청장과 세계은행 총재는 놀랍게도 그 기구의 존재 이유를 부정하는 인사를 바로 그 이유 때문에 지명했다.

가장 놀라운 사실은 미국 공화국의 근간이 되는 초당적인 견제와 균형 기구인 대법원 및 경제 대통령인 연방 준비 위원회를 노골적으로 건드린 사실이다. 트럼프는 보수적인 성향의 대법원장인 존 로버츠John Roberts가 자신의 말을 듣지 않는다고 조롱해 충격을 주었다. 오죽하면 점잖은 보수주의자인 로버츠가 성명을 발표할 정도였다. 엄밀한 의미에서 정부 기구가 아닌 연방 준비위의 초당적인 금리 결정 과정에도 정치적 영향력을 행사하려 했다. 어두웠던 닉슨 시절도 아니고 오늘날 미국의 정치 현장에서 벌어지는 일이라고는 도저히 믿을 수 없는 퇴행적 현상이 곳곳에서 벌어지고 있다.

트럼프의 철저한 자의적 통치 덕분에 2019년 2월 현재 미국 행정부는 카오스 상태다. 워싱턴 소재 외교·정책 연구소 펜 바이든 센터Penn Biden Center 사무국장 앤토니 블린킨Antony Blinken이 지적하듯이 아직 상원 인준을 요망하는 고위직 705개의 40퍼센트인 275개가 공석이다. 국무부의 198개의 핵심 포지션 중 3분의 1이 아직 채워지지 않았다. 행정부 장관의 4분의 1을 대행이 지휘한다. 반면 2년이 지난 시점에서 백악관의 핵심 보직 교체 비율은 65퍼센트로 오바마 정부의 24퍼센트, 부시 정부의 33퍼센트에 비해 현저히 높다. 이제 워싱턴 정가에서 평판을 인정받는 탁월한 이들은 백악관 근처에도 가려 하지 않는다. 백악관의 자리는 자신이 수년간 쌓아 올린 평판이 하루아침에 파괴될 가능성을 의미한다.

소위 '어른의 축'으로 불렸던 트럼프 견제 세력 제임스 매티스James Mattis 국방장관, 허버트 맥매스터Herbert McMaster 국가안보 보좌관 등이 다 빠지고 난 후에는 용기 있게 트럼프 책상에서 황당한 대통령 지시 메모를 치울 사람도 없다. 남은 이들은 트럼프의 충동적 결정을 단순히 집행할 자이거나 날 것의 권력욕을 소유한 자들뿐이다. 혹은 볼턴처럼 트럼프를 활용해 자신의 극단적 이념을 실험하는 경우도 있다. 볼턴은 연일 트럼프의 귀에다 대고 자신의 오랜 꿈인 쿠바, 베네수엘라 정권 교체 공작을 권유하고 있다. 2018년 9월 5일자 《뉴욕타임스》에 익명으로 기고했던 행정부 내 소위 레지스탕스가 아직

남아 있는지도 의문이다. 마치 할리우드 영화를 보는 것만 같은 이 초현실적인 소동은 실제로 일어나고 있다.

물론 이제 익명의 레지스탕스 충격만으로는 부족하다는 것을 깨달았는지 심지어 보수적 성향의 토머스 프리드먼Thomas Friedma 《뉴욕타임스》칼럼니스트는 마치 운동권처럼 공개적으로 레지스탕스를 천명하기도 했다. 사실 자신과 같은 신자유주의자들의 오만한 미국식 이념이 바로 트럼프라는 백래시를 불러왔지만 프리드먼은 그저 다시 좋았던 평평한 세계로 돌아가고 싶어 한다. 프리드먼의 운동권 선언은 미국의 주류 세계화주의자들의 전투적 총결집을 상징한다. 하지만 오바마나 대통령 시절 프리드먼과 오찬을 하며 그의 영향력에 귀를 기울였지, 트럼프에게 프리드먼과 같은 기득권의 레지스탕스 선언은 자신의 반反기득권 포퓰리즘이 옳았음을 증명하는 사례에 지나지 않는다.

상냥한 트럼프가 더 위험하다

이제 트럼프 입장에서 마지막 남은 성가신 장애물은 의회(특히 민주당이 다수당인 하원)와 로버트 뮬러Robert Muller 특별 검사다. 트럼프는 2018년 중간 선거에서 패배해 하원을 잃고 그제야 '미국 정치 101(기초 교과서)'을 뼈저리게 깨닫고 있다. 아마 고등학교 시절 망나니였던 트럼프는 시민 교육 코스에서 미국은 대통령 중심제가 아니라 의회 중심제라는 걸 배우지 못한 것 같다. 그렇다. 미국은 한국에서 오해하듯 대통령 중심제가 아니다. 미국 건국의 시조들은 의회가 중심이 되고 대통령이 이와 협력해서 국정을 운영하는 제도를 설계했다. 예산 심의권과 입법권을 대통령이 아니라 의회에 부여한 것은 바로 미국이 의회 중심제라는 것을 시사한다. 과거 레이건 대통령이 강한 반정치, 반민주당 의회 레토릭에도 불구하고 일상적으로 의회와 타협한 것은 트럼프보다 유약해서가 아니다. 레이건도 의회와 타협하지 않고는 사소한 예산 지출도 쉽지 않다는 사실을 알았다.

한국의 국회법 개정 파동과 비교해 보자. 당시 제왕적 대통령인 박근혜 대통령이 일방적으로 승리했지만, 미국의 레이건은 비슷한 사안에서 의회와 타협했다. 유승민 의원은 의회주의자로서 제왕적 대통령과 갈등을 빚었는데 한국에서는 마치 배신자처럼 취급되는 희한한 일도 벌어졌다. 미국 대통령제를 원형으로 가지고 있으면서도 대통령 중심제로 왜곡되어 운영되는 한국과 미국의 차이를 극명히 보여 주는 사례다.

2019 회계연도 예산 부결로 벌어진 셧다운(연방 정부 업무 정지) 파동에서 민주당 하원의 승리는 트럼프도 피해 갈 수 없는 건국 설계도의 구속력을 느끼게 한다. 트럼프는 자신이 완전히 통제하는 줄만 알았던 공화당 의원들이 동요하자 얼

른 손을 들고 후일을 기약했다. 비록 권력욕으로 가득 찬 미치 맥코넬Mitch McConnell 공화당 원내 대표가 상원에서 트럼프 심복 노릇을 즐기고 있지만, 그는 집토끼 사이에서 트럼프 인기가 떨어지면 등을 돌릴 인물이다.

다행스럽게도 하원의 견제력은 뮬러 특검의 파괴력과 결합하여 트럼프에게 공포를 심어 준다. 《뉴욕타임스》 칼럼니스트 데이비드 브룩스David Brooks가 2019년 2월 23~24일 칼럼에서 지적한 것처럼 미국의 촘촘한 견제와 균형의 시스템 안에는 아직 자신의 직무 원칙과 내면의 고결성Integrity을 지키는 이들이 많다. 뮬러 특검팀만이 아니라 트럼프가 임명한 제프리 버먼Geoffrey Berman 검사장을 중심으로 한 뉴욕 남부 연방 검찰청은 살아 있는 권력을 상대로, 특검을 뛰어넘는 전 방위적인 수사를 진행하고 있다. 이들 특검, 뉴욕 남부 연방 검찰청, 의회의 삼두마차는 상호 시너지 효과를 낸다. 특검이 특검법의 규정 안에서 트럼프가 국가 안보를 해쳤는지 기소의 핵심 기준선을 제시하고 뉴욕 남부 연방 검찰청은 국가 안보 사안뿐 아니라 모든 범죄 혐의를 조사해 기준선을 제시한다. 의회는 이 두 가지 기준선을 고려하면서 각종 위원회에서 이 잡듯이 파헤치고 민심의 법정 앞에 세운다.

이 삼두마차는 공작에 뛰어났던 닉슨이든 벼랑 끝 전술과 상대 홈집 내기의 대가인 트럼프든 임기 기간은 물론이고 퇴임 후에도 피해 갈 수 없는 칼날이다. 앞으로도 자의적 권력을 행사하는 이가 누구라도 이 삼두마차는 지옥 끝까지 추적할 역량과 의지를 갖고 있다. 그런 점에서 미국 공화국은 아직 완전히 파괴되지 않았다. 비록 건국의 시조들은 무덤에 있지만 그들이 설치해 놓은 촘촘한 견제망은 아직도 미국 공화국을 지탱하는 힘이다.

하지만 정치학자 브라이언 클라스Brian Klaas는 이러한 자의적 통치가 벌써 사람들에게 무감각하게 받아들여지고 있다고 경고한다. 그는 처음에 트럼프가 중동 국가 출신 시민들에게 여행 금지 조치를 내리자 대규모 저항 운동이 일어났지만 몇 달 후 약간 수정된 금지 조치에는 눈에 띄는 저항이 보이지 않았다고 지적한다. 비슷한 패턴이 샬러츠빌Charlottesvile 총기 난사 사태에서도 재현되었다. 처음에 트럼프가 총기 규제를 요구하는 시위자들을 네오 나치로 비유했을 때, 큰 반발이 일어났지만 한 달 후 똑같은 망언에 사람들은 침묵을 지켰다고 한다.[28] 도저히 수용할 수 없는 권위주의적 조치와 담론들이 그저 일상적인 것으로 수용되기 시작하는 셈이다. 권위주의의 일상화가 위험한 것은 공화주의의 근간인 법에 의한 지배의 권위가 무너지고 '만인의 만인에 대한 투쟁' 정서가 격화된다는 사실이다. 건국의 시조들이 그토록 걱정하던 미래가 현실화되고 있는 것이다.

사실 제임스가 트럼프를 가리켜 '개자식 자본주의'라고 지칭한 현상은 이미 오래전 시작되었다는 것을 기억할 필요가 있다. 프리드먼이 그토록 칭송한 신자유주의가 1980년대 이후 초당적 합의를 얻으면서 부패도 비례해서 증가해 왔다. 사람들은 인간적 협력과 신뢰보다 비인간적 경쟁과 힘의 논리에 적응해 갔다. 심지어 표절 등의 금기 행위도 1980년대 이후 증가 추세라고 한다. 자의적 지배의 상징인 금권 정치와 마키아벨리가 말한 바 있는 약자를 위한 보호라는 법 지배 사상은 조화될 수 없다. 사실 철저한 자기애로 뭉친 '개자식' 트럼프의 특징은 오랫동안 진행되어 온 금권 사회의 결과이다. 트럼프는 공화국 파괴의 원인이 아니라, 누적된 파괴의 결과이자 완성이다.

뇌 심리학자인 사이먼 배런코언Simon Baron-Cohen은《공감 제로》에서 이렇게 타인과의 공감 능력이 바닥난 상태를 '악'으로 부르자고 주장한다. 배런코언 식으로 보자면 오늘날 타자에 대한 공감 결여와 극도의 혐오 및 폭력이 만연한 미국 사회는 악이 창궐하는 사회다. 트럼프 현상의 진정한 심각성은 바로 여기에 있다. 라스 폰 트리에 감독이 악마에 대한 영화를 만들면서 트럼프에게 영감을 받았다고 한 것이 이제 농담으로만 들리지 않는다. 영화감독 구자홍은 필자와의 대화에서 라스 폰 트리에의 인터뷰의 내용과 최근 초자연적 현상을 다룬 오컬트 영화의 유행을 언급하면서 디스토피아 시대가 다가오는 느낌이라고 표현했다.

과연 미국의 리버럴이 집권하면 미국이 민주 공화국으로 거듭날 수 있을까? 물론 트럼프의 자의적 지배와 달리 듀 프로세스는 많이 개선될 것이다. 하지만 이미 미국의 금권 정치 시스템은 곳곳에서 너무 많이 무너졌다. 어쩌면 자본에 법인격을 부여하는 순간, 모든 건 예정되어 있었는지 모른다. 아니 더 거슬러 올라가면 해밀턴Alexander Hamilton의 금융 국가론 대 제퍼슨Thomas Jefferson의 농업 국가론 사상 투쟁에서 해밀턴이 승리하고 반연방주의자들의 소규모 공동체론이 연방주의자들의 제국론에 패배하는 순간, 공화국의 타락은 예정된 것이었는지도 모르겠다. 혁명적 상황이 조성되지 않는 한 국가의 근본 원리를 바꾸기 위한 제헌 의회가 다시 소집될 수도 없다. 헌법 수정의 문턱이 너무 높기 때문이다. 의회에서의 지루한 논의 끝에 그저 몇 가지 보완 장치만 마련하다가 교착 상태에서 다시 신경 발작과 같은 포퓰리즘이 등장할 것이다.

다음에 등장할 트럼프가 덜 자의적이고 덜 충동적이라면 사실은 더 위험하다. 보수 강경파 대선 후보인 배리 골드워터가 파괴하지 못한 것을 내용은 같지만 스타일은 부드러운 레이건이 파괴한 것처럼 말이다. 난폭한 트럼프가 파괴하지 못할 것을 품위 있는 새 트럼프가 파괴할 수 있다.

조지 케넌George Kennan이라는 냉전 시기의 걸출한 전략가는 미국이 냉전에서 승리하는 첩경은 내부 민주 공화국의 활력을 유지하는 것이라고 통찰력 있게 지적한 바 있다. 케넌의 충고를 진지하게 따른 것은 아니지만 결과적으로 자유 민주주의는 군비 경쟁이라기보다 가치 경쟁에서 승리했다. 냉전에 대한 수정주의 역사학자인 존 개디스John Gaddis의 지적처럼 2차 세계 대전에 초대받은 제국인 미국과 초대받지 않고 강압적으로 개입한 소비에트 사이의 대결은 출발부터 승부가 갈려 있었다.[29] 미국은 민주 공화국의 핵심을 지켜 낸 뉴딜과 전 유럽에 미국 모델을 퍼뜨린 마셜 플랜으로 승리했다. 하지만 지금 민주 공화국의 훼손과 그 결과로서 트럼프의 집권, 가치의 침식은 미국의 어두운 미래를 전망하게 한다. 이제 자유주의의 활력은 끝난 걸까?

6 트럼프 이후, 무엇을 준비해야 하는가?

"만약 2020년 대선의 가장 큰 이슈가 '누가 러시아나 북한을 잃어버렸는가'가 아니라 '누가 지구 행성을 잃어버렸는가'라면 어떻게 될까?"

- 토머스 프리드먼의 2018년 8월 16일 《뉴욕타임스》 칼럼 중에서

트럼프는 절대, 쉽게 사라지지 않는다

아주 오래전인 유학 시절 들춰 본 버트람 그로스Bertram Gross의 《상냥한 파시즘Friendly Fascism》을 먼지 쌓인 서가에서 다시 꺼내 볼 줄은 정말 꿈에도 몰랐다. 그로스는 이 오래된 책에서 다음과 같이 섬뜩하게 예언한다.

"다음번에 등장할 파시즘의 흐름은 사람들을 가축처럼 나르고 강제 수용소에 집어넣는 형태가 아닌, 친근한 얼굴로 나타날 것이다."[30]

트럼프는 파시스트 DNA를 가지고 있다. 물론 트럼프를 파시스트라고 부르는 건 과할 수도 있다. 권위주의 정부 정도가 적당한 규정일지도 모르겠다. 남미 권위주의 국가를 오랫동안 연구해 온 스티븐 레비츠키Stephen Levitski는 《어떻게 민주주의는 무너지는가How Democracies Die》라는 논쟁적 저서에서 권위주의적 정치가가 탄생했다고 선언한다. 그의 리트머스 테스트는 폭력을 명확하게 부정하지 않는 자세, 정치적 경쟁자의 시민적 자유를 제한하는 자세, 선출된 정부의 정당성을 부

정하는 태도 등 세 가지이다. 우리는 캠페인 시절 유세장의 반대파에 대한 폭력을 자극하고, 선거 불복을 선언하고, 힐러리를 감옥에 집어넣자고 선동한 트럼프를 기억한다. 레비츠키의 기준으로 보면 최소한 트럼프는 100퍼센트 권위주의자다.

하지만 트럼프는 단지 권위주의자라는 규정으로는 5퍼센트 부족하다. 파시즘 성격에 대해서는 다양한 견해와 논쟁이 존재한다. 나는 핵심 문제의식과 스타일에서 트럼프를 파시스트로 규정한다. 즉 트럼프는 국내외적으로 어려워지는 디스토피아와 미국 퇴조기의 불안감을 타자에게 전가하고 적에 대한 폭력에 매혹을 느끼는 이들을 적극 동원한다는 의미에서 파시즘의 미학에 가깝다.

과거 자본주의 고도 금융이 낳은 대공황 시절에도 세계 경제에는 디스토피아에 대한 공포와 불안이 엄습했다. 독일과 이탈리아 등은 이를 미·영 중심의 시장 지배에 도전하는 것으로 돌파하고자 했다. 이는 내적으로는 국가의 강압적 개입에 의한 전체주의적 총동원으로 구성된다. 자본주의의 위기 앞에서 미국도 국가 개입주의를 노골화했다. 파시즘과 뉴딜은 외관상으로는 유사해 보인다. 하지만 국내외적으로 광대한 시장을 보유한 미국은 국가 개입과 임금 주도 성장을 통해 자유주의를 왼쪽으로 확장했다. 노동자층을 강화해 자본과 노동은 새로운 평형을 당분간 확보했다. 이는 금융 자본을 중심으로 한 미국 제국의 상승기였기에 가능한 돌파구였다. 이후 미국은 1970년대 중반까지는 무한한 번영과 실제 성장을 누렸다.

하지만 오늘날 세계 전반은 수축 사회로 돌입했다. 신자유주의 거품기 이후 자본과 노동의 평형은 완전히 무너져 버렸고 이는 자본의 자기 지속 가능한 기반을 파괴했다. 월러스타인이 지적한 것처럼 기후 변화와 복지 부담 등으로 기업과 국가의 부담 비용은 갈수록 상승해 간다. 반면에 경제 블록과 자본 간 경쟁 격화로 평형 구조는 무너져 버렸다. 트럼프의 USMCA는 오바마 시기의 과거 부자가 점잖 빼는 태도를 버리고 노골적으로 수축기의 과잉 경쟁을 돌파하려는 시도다. 학자들은 이를 점잖게 '경쟁적 자유화' 전략이라 부른다. 하지만 그 본질은 합리적 주고받기라는 신사적 외양을 버리고 미국의 패권을 이용하는 강압적 무역 적자 줄이기다. 부상하는 경쟁국과의 험악한 시장 경쟁과 나란히 트럼프는 국내적으로도 부상하는 인구층(히스패닉 등)과 험악한 제로섬 게임을 벌인다. 과거 2차 세계 대전 시절의 파시즘 부상과 맥락은 다르지만, 시대를 떠나 파시즘의 핵심이 바로 이러한 디스토피아 시대에 대한 강압적 돌파라 할 수 있다.

다행히도 정치 지형상으로 보면 트럼프의 재선 가능성은 점차 옅어지고 있다. 지난 중간 선거 결과를 보면 선거구 조정 등 구조적으로 유리한 상황에서도 트럼프는 선거인단의 핵심 승부처인 펜실베이니아, 미시간, 위스콘신 등지에서 상원은 물론 주지사 선거도 패배했다. 교외의 여성층과 백인 대학 졸업 층에서 민주당은 공화당을 눌렀고 심지어 백인 고졸 층에서도 격차를 줄였다. 이는 곧 민주당이 단지 흑인, 여성, 히스패닉 등 소수자 연합으로만 승부하지 않고 더 확장된 기반에서 트럼프를 무너뜨릴 가능성이 높아졌다는 걸 의미한다. 민주당의 저명한 전략가 텍세이라Ruy Teixeira는 이번 중간 선거에서 트럼프를 무너뜨릴 공식을 드디어 발견했다고 환호성을 질렀다. 이는 격세지감을 느끼게 한다. 사실 존 주디스는《민족주의의 부활》에서 솔직하게 자신과 텍세이라가 제안한 소수파 연합 전략의 실패를 자인하고 있다. 반면 오늘날 민주당 대선 후보들은 백인 노동자층에서의 기반 구축을 소홀히 하지 않는다. 그간 오바마 시기의 경제 위기 탈출 정책 및 트럼프의 감세 정책 덕분에 잠시 호시절이었던 경제 상황도 점차 침체기로 가고 있어 민주당에 유리하다. 중국과의 난폭한 무역 전쟁 덕분이 만들어 낸 농산물 수출 감소 및 경제 침체 효과로 트럼프의 지지 기반 주들의 경제 상황은 특히 좋지 않다. 여기에다가 민주당 하원은 적절히 수위 조절만 한다면 온갖 조사와 소환으로 정력적인 트럼프의 에너지를 완전히 방전시킬 뿐 아니라 치명적 실수를 유도할 수 있다. 그럴 경우에는 피 냄새를 맡은 공화당 정치인들이 예비 경선에서 현직 대통령에게 도전하는 사태가 벌어지거나 혹은 백악관 자명종 시계처럼 존재감 없이 걸려 있던 마이크 펜스Mike Pence 부통령에게 천재일우의 기회가 올 수도 있다.

하지만 선거라는 게임에서 정치 지형만큼 중요한 변수는 바로 상대의 특성과 역량이다. 지금 민주당에서는 대선 승리의 가능성을 발견한 수십 명의 정치가들이 대통령 욕심을 내고 있다. 그렇지만 트럼프 수준의 헤비급 스타가 존재하는 건 아니다. 그리고 이들 대선 후보들 사이에는 민주 사회주의에서 신자유주의에 이르기까지 이념적 차이가 너무 커서 예비 경선 링에서 피 튀기는 싸움을 할 가능성이 높다. 트럼프는 상처투성이 후보를 상대로 본선 링에서 유리하게 싸울 수 있다. 오늘날 민주당은 트럼프를 상대할 강력한 에너지 레벨과 매력을 가지고 있으면서도 동시에 다양한 반트럼프 유권자를 공통의 지반으로 묶어 낼 후보가 아직은 선명히 드러나지 않아 불안해하고 있다.

더구나 '개자식' 트럼프는 결코 점잖게 황혼기에 접어들 인물이 전혀 아니다. 작가 에이미 초직Amy Chozick은 2018년 10월 1일 《뉴욕타임스》 칼럼에서 성공적인 미드 시리즈는 결코 1회로 끝나지 않는다고 확신했다. 트럼프 스토리가 넷플릭스의 어떤 미드 시리즈보다 흥미진진한 건 사실이다. 그의 극우 심복이자 헌팅턴의 문명 충돌론 신봉자인 배넌은 역대 대선 역사상 가장 일찍부터 시즌2 상영을 위한 재선 캠페인을 지휘해 왔다. 심지어 그는 자신이 우파의 칼 마르크스라고 생각하는지 빈번한 유럽 여행을 통해 극우 인터내셔널 결성을 준비하고 있다. '전 세계 우파들이여 단결하라!'는 말이다. 배넌의 노력은 최근 벨기에 브뤼셀에 설립한 '더 무브먼트The Movement' 재단으로 가시화되었다.

배넌은 동시에 미국 내에서 차근차근 재선 캠페인의 기반을 구축하고 있다. 2016년 선거에서 배넌은 데이터 분석 업체인 케임브리지 애널리티카Cambridge Analytica를 통해 페이스북 이용자 정보를 불법 활용하는 음모를 꾸몄다. 지난 트럼프 캠페인은 미국 대선 역사상 가장 지저분한 캠페인으로 악명이 높다. 2020년 대선에서 배넌이 빅 데이터와 가짜 뉴스 테크닉을 사용해 어떤 식으로 한층 진화된 네거티브 캠페인을 진행할지 모른다. 리버럴들이 실리콘밸리를 활용해 데이터베이스 전쟁에서 어떻게 반격할지도 귀추가 주목된다. 미디어 전문가인 유승찬 스토리닷 대표는 이 반격을 이번 미국 대선의 관전 포인트로 제시한다.

블린컨은 존 매케인John McCain 상원의원의 비유를 인용하며 완전히 암흑이 되기 전이 가장 어둡다고 말한다. 지금까지의 2년의 어둠보다 더한 위기가 찾아올 수 있다는 말이다.[31] 아마 이 위기에는 트럼프발 북풍도 포함되어 있을 것이다. 한반도에서 북풍은 만약 김정은 위원장이 전향적으로 선회한다면 스펙터클한 평화 캠페인일 가능성이 높다. 대선 직전 김정은의 워싱턴 방문과 ICBM 반출 퍼포먼스 같은 것 말이다. 속이 뻔히 보이는 연출이지만 그래도 대중들의 엄청난 관심을 끌 만하다. 한반도의 시민 입장에서 싸구려 드라마인들 평화 체제 입구만 시작된다면 무슨 상관인가? 물론 트럼프 이후 이 스펙터클이 결정적 평화 체제로 단단히 다져지는가는 별개의 사안이지만 말이다.

문제는 한반도가 아니라 중동이나 남미 등에서 북풍이 시작될 수 있다는 점이다. 이스라엘의 호전파들이 호시탐탐 노리는 이란이나 혹은 터키, 그리고 베네수엘라가 발화점이 될 가능성이 높다. 그간 상대적으로 조용했던 남미 이슈는 플로리다 등 결정적 승부처에서 보수적 히스패닉 유권자들을 되찾을 유혹적인 카드로 부상하고 있다. 존 볼튼과 엘리엇 에이브럼스Elliott Abrams 등 네오콘들은 지금 베네수엘라의 헌정 위기 상황에 설레하면서 정권 교체 작업을 시도하고 있다. 리얼리티 쇼 역사상 최고의 연출자인 트럼프가 이 발화점들을 대상으로 과연 어떤 극적인 반전의 드라마를 준비하고 있을지 궁금하고 또 걱정스럽다. 아니 어쩌면 기획자인 트럼프도 전혀 예상하지 못한 결과로 귀결될 수도 있다. 트럼프 시리즈의 마지막 회 결론이 벌써부터 무척 궁금해진다.

2020년 대선, 그린 뉴딜에 주목하라

트럼프 진영의 온갖 노력에도 불구하고 단임으로 끝난다면 다행이다. 그렇다고 트럼프 시대 이후 리버럴이 당선되면 국제 자유주의 질서가 다시 생명력을 가지고 부활할 수 있을까? 자유주의의 대표적인 전도사인 존 아이켄베리John Ikenberry는 그렇게 믿는 것 같다. 하지만 나는 이미 그 에너지를 소진한 리버럴 체제의 미래를 낙관하고 이를 수선하려는 아이켄베리의 시각에 동의하지 않는다. 오히려 하스Ernst Haas나 월트와 같은 현실주의자들이 예상하는 혼돈의 시대가 더 현실적이다.

원래 자유주의란 자유란 가치를 통해 개인의 존엄과 동등성을 보장하려는 근대의 탁월한 발명품이다. 그런데 잊지 말아야 할 것은 이 자유주의의 번성은 공화주의와 민주주의, 자본주의라는 세 주춧돌 위에서 가능했다는 사실이다. 공화주의란 자의적 지배를 방지하고 공동체의 활력을 유지하기 위해 법적 지배, 견제와 균형 등의 원리를 구현하는 체제를 말한다. 오늘날 자유주의는 이 공화주의와 다수의 지배라는 민주주의 덕분에 역동성이 살아 숨 쉬는 근대 자유 민주주의를 꽃피웠다. 그리고 근대 최대의 혁신적인 발명품 중 하나인 법인 자본주의의 혁신적 동력과 결합하여 삶의 질이 개선되고 번영에 대한 기대감에 사회가 발전할 수 있었다. 더구나 사회주의라는 경쟁 체제의 등장은 서구 자유 민주주의 사회에

긴장감과 견제력을 부여했다. 자유주의 사상가인 카츠넬슨Ira Katznelson은 자유주의가 사회주의적 평등의 감수성을 결합해야만 역동성을 강화할 수 있다고 간파했다. 사실 유럽의 사회민주주의 국가들은 카츠넬슨의 화두를 모범적으로 구현하며 효과적으로 사회주의 진영과의 싸움에서 승리했다.

하지만 역설적으로 냉전에서 서구 자유주의의 승리는 카츠넬슨의 조언과 반대되는 결과를 낳았다. 공화주의와 민주주의의 풍부한 수원지 대신에 오만하게 자유로운 시장의 권리에 더 집중하기 시작했다. 노동자 계급을 비롯한 약자들의 더 나은 삶의 질을 위한 투쟁과 자본 간 경쟁의 격화에 자본주의 체제는 더 많은 시장의 자의적 지배를 추구하는 신자유주의로 반격했다. 비록 자본은 효과적으로 지구적 사회에 대한 지배력을 강화했지만 점차 벌어지는 힘의 격차는 재생산 기반을 파괴하기 시작했다.

자본주의 문명의 자기 파괴는 지구 환경의 돌이킬 수 없는 악화라는 가장 큰 부산물을 낳았다. 1970년대 로마 클럽이나 지미 카터 전 대통령 등 앞서가는 정치가의 경고에도 불구하고 1970년대 말부터 생태적 환경과 적대적인 신자유주의의 번성은 돌이킬 수 없는 결과로 이어졌다. 수십 년간 극지 환경을 연구한 피터 와담스Peter Wadhams라는 과학자는 이제 핵전쟁은 기후 변화 사태와 관련해서 벌어질 가능성이 높다고 전망하기까지 한다. 생태신학의 거두인 존 캅John Cobb이나 영국 옥스퍼드 대학의 철학자 루퍼트 리드Rupert Read는 이제 문명의 불가역적인 붕괴를 기정사실로 하고 오히려 현실적으로 재난 이후를 준비하자고 주장한다. 오늘날 이 파국론적 주장에 공감하는 과학자들이 날로 증가하고 있다.

이와 달리 자이한과 같은 낙관주의 전략가는 지구적 디스토피아 속에서도 자체적 에너지 조달이 가능한 미국은 홀로 퇴각해서 번성할 것이라고 자신 있게 장담한다. 하지만 자이한의 분석에는 자본주의의 구조적 위기와 기후 변화의 예상을 벗어나는 급격한 전개 가능성이 안이하게 다뤄진다. 오히려 사학자 우다드Colin Woodard는 북미 대륙의 지역적 문화 변천을 다룬 최근 신간에서 최악의 시나리오로 전염병이나 테러리스트의 도시 폭파로 이해관계와 문화적 동질성에 따라 미국이 분열할 수 있다고 예상한다.[32] 미국 대륙과 중국의 내부 분열 등 전 지구가 블록 이하의 상태로 갈라지는 양상은 트럼프 이후 중장기적으로는 최악의 시나리오다.

물론 이는 최악의 경우를 상정한 가상이다. 자유주의는 언제나 탄력적으로 현실 위기를 돌파해 왔다. 과연 자유주의는 과거 자본주의 대공황의 위기를 뉴딜과 마셜 플랜으로 돌파했듯이 이번에도 자본주의와 지구의 위기를 그린 뉴딜과 우주 진출로 돌파할 수 있을까? 이미 선도적인 다국적 기업은

RE100[33]처럼 신재생 에너지 동맹을 맺었다. 하지만 과거 뉴딜과의 결정적 차이가 있다. 바로 정치다. 기후 변화와 양극화는 그린 뉴딜Green New Deal 같은 예외 상황에 준하는 비상의 급진 정치를 요구하고 있다. 자유주의는 이를 실천할 정치 자본과 힘이 없다. 미국과 유럽은 우파 포퓰리즘에 발목이 잡혀 있다. 지구적 질서로 나아가기는커녕 기존 블록 유지에도 급급하다. 오늘날 자유 민주주의 체제는 숨을 헐떡이며 노쇠하고 있다. 서구의 쇠퇴를 집필한 슈펭글러의 오래된 예견이 실현되는 것처럼 보인다. 지금은 자유주의 질서의 쇠락과 이행기다.

오히려 중국이라는 새 전체주의 체제가 집행력이란 측면에서만 본다면 독재적 방식으로 기후 변화 문제를 해결할 가능성을 더 가지고 있다. 시진핑은 손쉽게 중국 헌법에 생태 문명을 끼워 넣었다. 동시에 권력 연장 제도를 손쉽게 배치했다. 미국 같으면 둘 다 상상도 하기 어렵다. 하지만 시진핑 같은 권위주의적 리더는 빈번한 선거가 있는 서구와 달리 생태 문명으로의 장기적 미래를 준비할 수 있다. 그러나 동시에 선진국 추격형 경제인 개발주의 방식으로 민심을 얻고자 하는 유혹도 받는다. 권위주의적 통제 체제에 의존하는 중국 공산당이 지구의 미래와 자신 정권의 미래 사이에서 무엇을 선택할지는 자명하다. 지구가 심각한 위기를 맞은 시점에 중국과 러시아 등의 사회주의권의 자본주의가 고도화되지 못했다는 사실은 역사의 비극이 아닐 수 없다. 좌파 석학인 아리기Giovanni Arrighi가 꿈꾼 비자본주의 발전 모델인 중국 사회주의 드림도 그리 유토피아적 미래는 아니다.

지금은 자유주의자들의 시대가 아니라 레닌과 슈미트가 부활하는 시대다. 이들은 뉴턴의 결정론적인 근대보다는 불확실성을 포괄하는 시스템 이론과 양자 역학의 시대인 오늘에 더 잘 어울린다. 만약 레닌과 슈미트가 살아 있다면 그들은 서로 포옹하며 서로를 진정한 적이라 존경하면서 조커처럼 움직였을 것이다. 그들이 보기에 국제적 규칙과 질서, 합의는 극단적 양극화와 인류 멸절의 생태 대위기 앞에서 너무 순진하고 맥 빠진 이야기이다. 트럼프가 권위주의적 충동을 보이고 시진핑이 우상화를 시도하는 건 이들이 보기에 너무도 당연하다. 미국식 리버럴들이 숭상하는 듀 프로세스는 마치 침몰하는 타이타닉호에서 누가 먼저 보트에 탈 것인가를 놓고 롤즈의 정의론을 논쟁하는 것과 같다. 슈미트의 후계자 트럼프와 레닌의 후계자 시진핑은 서로를 보완한다. 그들은 서로 제대로 된 적을 만났기에 피가 끓을 것이다.

그렇지만 트럼프의 등장으로 리버럴 체제의 고상한 거짓말을 드러내고 모순을 악화시키는 것에 무조건 환호하는 일각의 경향에는 동의하기 어렵다. 과거에도 레닌과 트로츠키 사이에서 비슷한 논쟁이 있었다. 러시아의 궁핍화가 차르

tsar 체제에 대한 분노를 키울 것이라며 환영하는 트로츠키에 대해 레닌은 신랄한 비판을 퍼부었다. 비록 그럴 가능성이 높더라도 민중이 고통을 겪을 궁핍화를 환영하기보다는 어렵지만 개선된 체제를 환영하고 변혁적인 체제로 전환시키려고 노력해야 한다는 레닌의 말이 와 닿는다. 마찬가지로 비록 서서히 삶아지는 개구리와 같은 신세라도 우리는 파시즘에 반대하고 오바마 체제와의 비판적 연대 속에 더 인간다운 체제를 만들기 위해 노력해야 한다고 믿는다. 리버럴 레프트인 워런Elizabeth Warren과 레프트인 오카시오 코르테즈 진영이 중도주의자들을 견인해 국내적으로 새로운 그린 뉴딜 연합을 만들어 내야 한다. 코르테즈 진영이 명심해야 할 점은 지금의 지구적 위기는 편협한 진보주의가 아니라 다양한 세대와 이념을 넓게 묶어 낼 광대한 진보주의를 요구한다는 사실이다. 이를 포괄하기에 민주 사회주라는 단어는 너무 좁고 낡았다.

국제적으로는 중국과 러시아에 대한 단순한 적대화의 욕망과 싸우면서 협력과 경쟁이 공존하는 그린 지구 체제를 만들기 위해 노력해야 한다. 지금까지 미국과 중국은 서로 간의 불신과 주도권 싸움 속에서 자신들과 지구를 훼손하는 부정적인 미래를 함께 만들어 왔다. 미국은 중국의 상승 욕구에만 눈을 돌릴 뿐 이들의 위기감 및 생태 문명에 대한 고민은 과소평가한다. 반면에 중국은 지구 시민 사회의 보편주의를 담지 못한 자신들의 편협함이 타자들에게 어떤 위기감을 조성하는지를 과소평가해 왔다. 하지만 이 두 외눈박이 제국들은 갈수록 위험해지는 신냉전 경향을 제어하지 못한다면 자신들의 패권은커녕 영원한 취약감에 시달리는 건 물론이고 함께 공멸할 위험성마저 현존한다. 가공할 AI 기술의 발전과 우주 전쟁의 가능성, 그리고 기후 변화의 파국 앞에서 인간, 국가 간 패권 다툼이란 사실 우스꽝스럽기까지 하다. 그런 점에서 미·중 제국들이 갈등하는 현실 속 한반도 평화는 단지 남북 평화 공존만의 이슈가 아니다. 아시아와 전 지구적 시스템 변화를 향한 하나의 작은 레버리지가 될 수 있다. 시스템 과학은 작은 레버리지도 얼마든지 시스템 전체의 변화 동력이 될 수 있다는 사실을 우리에게 환기시키고 있다.

    정치권은 결코 스스로 대담한 변화를 이루지 못한다. 과거 프랭클린 루스벨트의 대담하고 급진적인 뉴딜도 사실은 시민 사회가 만들어 낸 아래로부터의 작품이다. 지금은 신화화되었지만 사실은 루스벨트도 대담한 사회 투자 국가를 실험했다가 곧 보수적인 균형 예산 노선으로 돌아가는 등 부단히 비틀거렸다. 오늘날에도 제도권 정치 바깥 시민들의 각성과 강력한 운동은 사활의 문제다. 트럼프 시대와 그 이후를 대처하는 시민 사회는 그린 뉴딜과 그린 지구 체제의 상상력을 발휘하고, 이를 현실 정치의 흐름으로 지혜롭게 전환시켜야 한다.

시인 블레이크William Blake는 미국 혁명을 칭찬하며 "분노로 인해 천사들이 일어섰다"고 썼다. 반면 리들리 스콧Ridley Scott 감독은 영화 〈블레이드 러너〉를 '천사들이 추락하고 있다'는 자막으로 시작한다.[34] 이제 한나 아렌트Hannah Arendt가 그토록 칭찬한 미국 혁명은 빛이 바랬고 미국은 새로운 촛불 혁명을 요구받고 있다. 끝도 없이 추락해 가는 천사가 다시 날아오르기 위해서는 새로운 상상력과 미래 지향적 운동이 필요하다.

에필로그　　다가올 충격의 시대를 살아가는 법

이 책에서 트럼프 시대와 그 이후에 대해 단순한 저주나 낙관적 환영이 아니라 다양한 분기점의 가능성과 복잡성을 드러내고자 노력했다. 트럼프에 대한 오해를 살펴보면서 트럼프를 보다 넓은 맥락인 자본주의 평형의 붕괴와 제국의 쇠퇴라는 조건하에서 들여다보려고 했다. 과연 우리는 오바마와 트럼프 시대를 넘어 자유 민주주의의 성취를 간직하면서도 레닌과 슈미트의 자유주의 한계에 대한 통찰을 결합할 수 있을까? 과거 민중들의 소비에트라는 발명품은 재난을 낳았지만, 블록체인과 결합한 민주주의는 새로운 창조적 발명품으로 탄생할 수 있을까? 나의 정치적 상상력으로는 아직 잘 모르겠다. 하지만 한 가지 분명한 것은 트럼프와 그 이후 시대에 대한 상상력은 새로운 시야와 태도를 가져야만 열린다는 점이다.

트럼프에 대한 리포트가 우리에게 주는 직간접의 시사점은 무엇일까? 나는 트럼프 시대의 충격과 불안이야말로 성찰적 질문을 통해 모든 기존 가정을 돌아보고 새롭게 생각 근육을 단련하는 소중한 건강 검진의 기회라고 생각한다. 그런 의미에서 나 스스로 점검하고 있는 태도 몇 가지를 소개한다.

1. 무지에 대한 겸손한 태도로 부단히 질문해야 한다.
마르크스는 비록 인류가 낳은 가장 걸출한 천재 이론가이지만 스스로의 지식을 해변가의 조약돌 하나에 비유한 바 있다.

오늘날 새로운 우주론이 제기되고 양자 이론이 여러 영역으로 확산되는 지적 폭발과 문명 전환의 시점에서 마르크스의 겸손함은 그 어느 때보다 필요하다. 트럼프라는 블랙 스완과 카오스의 등장은 우리가 부단히 자신의 '심리적 고물'을 내다 버리기 위한 성찰적 질문의 모드로 움직여야 함을 시사한다. 한국 사회는 보수나 진보를 막론하고 질문하지 않고 배우지 않는다. 과거에는 개발 도상국이라는 콤플렉스에서 선진국의 답을 조야하지만 치열하게 모방하기도 했다. 이제는 자신이 얼마나 무지한지에 무지하고 세상의 경이로움을 느끼는 감각을 잃어버렸다. 경이로움과 호기심을 잃으면 트럼프 이후에도 계속 닥쳐올 블랙 스완 현상 속에서 쉽게 길을 잃을 수 있다.

특히 걱정이 되는 현실은 오늘날 나와 같이 한국의 지적 허리를 형성해야 하는 세대들이 자신들이 무엇을 모르는지 모른다는 점이다. 오늘날은 우주, 문명, 인간, 죽음, 노동, 자본, 정치 등 모든 근본 개념의 내용이 다 흔들리는 시대이기에 이러한 무지는 더욱 위험하다. 오늘날은 지식인이든 일반 시민이든 모두가 겸허한 태도를 가지고 부단히 배워 나가야 한다. 평생에 걸친 호기심과 배움의 태도야말로 트럼프와 그 이후 시대 최고의 재산이 될 것이다.

2. 다양한 미래에 대한 열린 사고로 부단히 질문하라.

지적 겸손함은 미래에 대한 열린 태도를 필연적으로 동반한다. 트럼프 집권기와 그 이후의 세상에 대해 세밀한 정밀화를 묘사하는 이는 신빙성이 의심스럽거나 신이거나 둘 중 하나이다. 다양한 미래 시나리오에 대한 가능성을 염두에 두고 다층적 판단과 개입이 필요하다. 이미 혁신적 글로벌 기업은 시나리오 기법을 바탕으로 한 의사 결정에 익숙하다. 트럼프와 트럼프 이후 시대 정부와 개인은 모두 다층적 판단의 마인드 세트로 무장해야 탄력적으로 생존할 수 있다. 한국의 정부나 지식인들은 단선적인 미래에 대한 자기 확신이 너무 강하다. 이번 하노이 회담이 유익한 교훈이 되면 좋겠지만 별로 그럴 것 같지는 않다. 앞으로도 한국의 진보와 보수 지식인들 중 "단언컨대"라는 표현을 즐겨 사용하는 이들의 비율은 줄어들지 않을 가능성이 높다. 나는 그 담대한 용기와 자신감이 어디서 나오는지 궁금할 때가 많다.

탁월한 미래학자인 박성원이 2019년 2월 19일 경희대 강연에서 소개한 미래학의 선구자인 피터 왁Peter Wack의 에피소드는 우리에게 생각할 거리를 준다. 변화하는 실체에 대해 궁금해하는 왁에게 어느 스님은 대나무 숲에 돌을 던져 소리를 들어 보라고 조언한다. 하지만 무수히 돌을 던져도 소리가 잘 들리지 않자 스님은 대나무의 정중앙을 향해 돌을 던져

보라고 다시 조언한다. 변화의 실체를 이해하는 것도 마찬가지다. 보이지 않는 숲의 대나무 정중앙을 향해 부단히 질문하는 과정에서 우리는 조금씩 진리에 접근해 가는 건 아닐까?

3. 개연성이 아니라 가능성에 주목해야 한다.

좌파 잡지 《자코뱅Jacobin》의 편집장 피터 프레이즈Peter Frase는 인간의 집단적 실천으로 만들어 낼 가능성을 고려하는 것이 개연성이 높은 미래에 수동적으로 임하는 것보다 중요하다고 지적한다.[35] 왜냐하면 다양한 미래의 잠재성은 이미 우리 현실 속에 내재하기 때문이다. 인간은 이 여러 가지 잠재성 중에서 단 10퍼센트의 가능성만 예견되는 시나리오라 하더라도 정말로 바람직한 미래라면 굴하지 않고 현실로 전환시킬 초월적 역량을 가지고 있다. 바츨라프 하벨Václav Havel 전 체코 대통령은 이를 가능성의 정치에 대비하여 '불가능의 기예Art of the Impossible'라 정의한 바 있다. 이탈리아 철학자 프랑코 버라디Franco Beradi는 이를 '미래력Futurability'이라 부른다. 지금 우리에게 필요한 태도는 바로 이 이상주의적 현실주의다.

    트럼프 현상이라는 병리적 징후나 트럼프 이후 시대의 비관적 개연성은 우리를 비관주의에 젖게 한다. 한반도에서 미·중 간의 패권 갈등이 격화되는 현실은 미래를 우울하게 만든다. 하지만 미래는 어디까지나 인간의 능동적 개입으로 구성되는 열린 시나리오일 뿐이다. 트럼프 시대의 비관주의적 분위기야말로 오히려 능동적 실천의 필요성을 보여 준다. 전 지구적 퇴행 현상을 거슬러 촛불 혁명이 발생한 한반도야말로 개연성이 아니라 가능성에 도전할 수 있는 시공간이다. 냉전의 어두운 접경으로만 보이는 한반도는 사실 버라디가 말한 미래력이 가장 풍부한 밝은 전위vanguard다.

4. 현장에서 위험을 감수하며 단련한 지식Skin in the Game이 중요하다.

나심 탈레브는 현장에서 근육이 단련된 지식의 중요성을 강조한다.[36] 연구실의 연구자는 진리 자체의 탐구와 훌륭한 논문 성취라는 보람된 미션에 충실해야 한다. 이는 그 자체로 훌륭한 인류에 대한 기여이다. 하지만 트럼프 시대 연구에는 조금 다른 방법론이 필요하다. 백면서생의 마인드로는 현장에서 산전수전을 겪은 트럼프와 이 카오스 시대를 이해하는 것 자체가 힘들다. 트럼프는 연구실에서 《뉴욕타임스》를 읽거나 통계 패키지를 돌리는 시간에 러스트 벨트의 노동자들과 맥주잔을 기울일 때 더 잘 이해할 수 있다. 일본 기자가 현장의 땀 냄새 나는 인물들을 만나면서 쓴 《르포 트럼프 왕국》은 그런 의미에서 미국의 리버럴이 쓴 어떠한 칼럼보다 더 깊이 있는 통찰력을 제공한다.[37]

지금은 리스크를 가진 사람이 강점을 가진다. 트럼프 자체를 떠나서 지금과 같은 불확실성과 혼돈의 시대에는 과감히 리스크를 건 개입 속에서 실패해 가면서 많은 지식이 축적되는 법이다. 나와 같은 안전하지만 한편으로는 무기력한 정년 교수의 위치보다는 긴장감을 가진 전업 르포 작가의 위치에서 트럼프가 더 잘 보인다. 나는 용기가 없어 이 리스크의 강점을 주장한 나심 탈레브의 책을 분석하는 것으로 만족하지만 말이다. 앞으로 한국에서는 진리 탐구의 연구실도 중요하지만 긴장의 현장 속에서 이론을 연마하는 지식인들이 훨씬 더 많이 나와야 한다. 탈레브가 말한 '지적인 바보Intellectual Yet Idot'의 위험성을 경계해야 한다.

5. 글로벌 담론에 익숙해져야 한다.

트럼프와 트럼프 이후 시대를 이해하려면 단지 신문 기사를 넘어 글로벌하게 진행되는 담론 지형과 논쟁에 익숙해야 한다. 트럼프의 메시지 및 대항 담론은 글로벌 지형을 표현하고 있는 경우가 많다. 예를 들어 트럼프의 무식해 보이는 저돌적인 USMCA 협정에는 미국 보수주의자들의 '경쟁적 자유주의' 담론이 스며들어 있다. 혹은 반트럼프 진영의 기후 변화 노선에는 우리가 그저 환영만 하기에는 두려운 미래 전략이 스며들어 있다. 이 진영에는 오카시오 코르테즈 그룹의 이상주의적인 포스트 자본주의만 있는 것이 아니다. RE100과 같이 신재생 에너지로 새로운 헤게모니를 추구하는 리버럴 기업가들의 어젠다도 섞여 있다. 이미 이러한 흐름은 신재생 에너지 방식으로 생산된 부품만 수용하는 동맹이 결성되는 등 현실화되며 한국 기업들의 경쟁력에 족쇄로 작용하고 있다.

언제나 제국의 희생양이었던 한국은 제국을 운용했던 일본이나 영국 등에 비해 글로벌 담론 지형에 어두울 때가 많다. 글로벌 담론의 맥락과 지형을 깊이 있게 이해할 때에만 머리 위에서 트럼프를 들여다보고 트럼프와의 협상은 물론 그 이후 미국의 포석에 선제적으로 대응할 수 있다. 다행스럽게도 최근에는 강하게 우려하는 지식인들이 늘고 있다. 예를 들어 중국에 대해 항상 유익한 통찰력을 던져 주는 중국 산둥山東대의 우수근은 신간《한중일 힘의 대전환》에서 한반도 주변 4강과 비교해 우리가 가장 닫힌 사회라고 신랄하게 스스로를 돌아보고 있다. 이러한 바람직한 성찰의 기운은 새로운 지적 풍토와 시스템 구축으로 이어져야 한다. 나는 이를 과학 기술 정책 연구원 김석현 박사의 표현을 빌어 '인텔리전스 레짐intelligence regime'이라 부른다.

6. 대전환기에 걸맞은 '인텔리전스 레짐'이 시급하다.

서구의 분과 학문 체제 및 신문사의 대학 평가 시스템에 포획

된 한국의 지적 공동체가 보여 주는 미래는 매우 우울하다. 물론 고등 교육 이전의 초중등 교육은 수능과 학종의 미로에서 이러지도 저러지도 못하고 있다. 트럼프 시대라는 대전환기는 근대 후발자 시기에 형성된 지적 콘텐츠 생산, 유통 시스템의 전면적 전환을 요구한다. 정부의 미래에 대한 예방적 개입 기능 강화와 이에 근거한 초당적 중장기 다면 플랜 및 국정 운용도 이루어져야 한다. 새로운 지각 변동으로 돌입하고 있는 아태 지역에 대한 내실 있는 지역 연구소는 물론이고 대학 및 대학 외부의 민간 싱크 탱크를 획기적으로 강화하기 위한 초당적 노력이 시급하다. 트럼프의 자국 제조업 보호주의 광풍에 흔들리다가 최근에는 애플 등의 신재생 에너지 동맹에 좌절하는 모습은 우리 사회에 축적된 인텔리전스 수준을 적나라하게 보여 준다.

이 인텔리전스 레짐은 한편으로 적실성 있는 담론과 분석을 생산해 내면서도 동시에 시민들과 적극 소통하고 협력하는 능력을 배양해야 한다. 오늘날 한국 시민 지성들의 지적 수준은 매우 높다. 한국의 고등 교육은 상아탑의 고립을 벗어나 대중들과의 접점을 능동적으로 확대해야 한다. 시민 교육 및 시민과의 소통은 이제 고등 교육의 중요한 책무로 인식되어야 한다. 결국 시민 공동체의 지적 수준이 상승될 때 변화의 근본 동력이 생기기 때문이다.

7. 서구 자유주의와 중국 사회주의를 넘어서는 생태 문명대의 비전이 필요하다.

트럼프 현상은 서구 자유주의의 무능과 부작용의 결과다. 아직 자유주의는 새로운 생명력을 찾지 못하고 있다. 소비에트 붕괴 후에 오랜 안락한 세월을 보내서인지 상상력이 말라붙었다. 다른 한편으로 부상하는 중국 사회주의는 자유주의를 대체하는 새로운 보편의 매력을 가지기에는 권위주의적 요소가 너무 강하다. 야심 찬 일대일로의 비틀거림은 중국 사상의 현주소이기도 하다.

트럼프 시대는 우리에게 단지 서구 자유주의의 새로운 모색을 기다리거나 흉내 낼 것이 아니라 스스로 창조해야 한다고 말하고 있다. 과거 한국의 자유주의 세력들은 미국의 제3의 길이나 그 이후 임금 주도 성장론 등의 궤적을 따라갔다. 레프트들은 유럽의 사회 민주주의 궤적을 추적했다. 하지만 트럼프 시대라는 카오스와 전환의 장은 상상력을 앞선다. 자유주의자들의 현상 유지 편향의 정치 시스템은 기후 변화와 양극화라는 난제를 풀 능력을 이미 상실해 버렸다. 우리는 민주주의 이념을 넘어 이 두 난제를 해결할 수 있는 세계관과 국제 협력 거버넌스, 그리고 창의적 정치 제도의 창출 실험으로 앞서가야 한다. 한반도의 대전환은 단지 기존 통일 노선이 아니라 바로 이러한 새로운 사상의 랩lab이어야 한다. 이 랩을 통해 버려진 사상은 미·중 간의 패권 다툼을 견제하는, 새로운 보편주의 담론의 재료가 될 수 있다. 예를 들어 근대의 인간 중심주의를 넘어 지구의 권리와 공존하는 지구법적 지대를 만드는 작은 실험은 어떨까? 나아가서는 한반도와 동아시아 거버넌스에 생태 연방주의적 상상력을 스며들게 할 수는 없을까? 이를 통해 우리는 전 세계 그린 뉴딜과 그린 지구 운동 흐름과 접속하고 함께 발전해가야 한다.

8. 미래 세대 중심의 세대 공존 패러다임이 필요하다.
미래를 알기 어려운 혼돈의 전환기일수록 부상하는 세대에게 배우고 협력하려는 태도가 그 어느 때보다 소중하다. 하지만 한국은 서구 선진국에 비해 이들 미래 세대를 수년간 '스카이 캐슬' 경쟁에 소진시킨다. 그리고 기성세대들은 미래 세대로부터 배우려는 태도가 결여되어 있다. 이 불확실한 세상에서 미래에 이미 도달한 세대에게 배우지 않는 나라는 '심리적 고물'에 갇히게 된다.

　　미래 세대 중심주의 선언이 타 세대에 대한 배척을 의미하지 않는다. 불확실한 세상은 상상력과 경험의 융합을 통해 헤쳐 나갈 수 있다. 경험이란 점에서 다양한 세대들의 상호 학습은 매우 중요한 지적 자원이 아닐 수 없다. 트럼프를 지지하는 이들에 대해 경멸적 태도를 보였던 미국의 일부 리버럴들은 그들의 분노와 좌절 속에 담긴 불편한 진실을 외면한다. 다양한 세대와 그룹들은 저마다의 진실이 있다. 이를 공통된 감각으로 통합해 나가는 것이 정치여야 한다.

    한국판 코르테즈가 나와야 한다. 단 더 넓고 통합적인 비전으로 국내는 물론 전 세계 시민 사회와 함께 새로운 길을 열어야 한다. 박노해 시인이 2018년 나눔 문화 후원 모임에서 지적한 것처럼 촛불 혁명은 끝이 아니라 30년간의 미래를 만들어 가는 시작이다. 질서 이탈 시대의 끝에는 새로운 시작이 기다리고 있다.

    트럼프는 혼돈의 시대에 등장한 조커다. 조커는 디스토피아의 미래 공간에서 우리에게 불편한 질문을 던진다. 조커의 질문에 대한 우리의 답은 무엇인가? 그저 오바마와 같은 다크 나이트가 다시 출현하면 그걸로 충분한가? 조커와 다크 나이트의 교착 상태와 무기력 분위기를 넘어서는 새로운 길은 불가능할까? 우리는 이미 현존하는 미래와 대화하고 새로운 질문을 시작해야 한다.

주

1 _ David Rothkopf, 《Running The World: The Inside Story of the National Security Council and the Architects of American Power》, 2005, p. 159에서 재인용.

2 _ 안병진, 〈9.11의 시대, 월스트리트에서 종언을 고했다〉, 프레시안, 2011. 10. 13.

3 _ 제2의 글로벌 금융 위기를 막기 위해 2010년 7월 미국에 도입된 월가 개혁 법안이다. 법을 입안한 민주당의 크리스토퍼 도드 상원의원과 바니 프랭크 하원의원의 이름을 땄다. 골자는 세 가지다. 첫째 대마불사 금융 회사 규제 강화다. 글로벌 금융 위기 당시 망하기엔 파급력이 너무 커 국민의 세금이 투입됐던 금융 회사를 보다 엄격하게 감독하겠다는 취지다. 필요성을 주창한 폴 볼커 전 백악관 경제 회복 자문 위원장 이름을 붙여 '볼커 룰'이라고도 불린다. 은행의 헤지 펀드 투자를 자본의 3퍼센트 이내로 규제하고 파생 상품 거래도 제한됐다. 둘째는 중구난방이던 금융 감독 체계를 효율적으로 재편하는 것이다. 14개 기관이 참여하는 '금융안정 감시위원회'가 새로 생겼다. 마지막은 독립 기구인 '소비자금융 보호국'을 세워 외면받았던 금융 소비자를 보호하는 내용이다. 이새누리, 〈이번 주 경제 용어 - 도드 프랭크법〉, 《중앙일보》, 2017. 2. 14.

4 _ 〈맨츄리안 켄디데이트〉는 '세뇌당한 사람'이라는 뜻을 갖고 있으며, 미국의 소설가 리처드 콘돈이 1959년에 발표한 동명의 냉전 스릴러 소설을 원작으로 존 프랑켄하이머 감독이 1962년에 발표한 영화의 제목이다. 한국 전쟁 당시 정체를 알 수 없는 세력에 의해 납치당해 세뇌당한 군인이 미국 대통령 후보를 암살하려 한다는 내용을 다룬다.

5 _ 블랙 스완은 극단적으로 예외적이어서 발생 가능성이 없어 보이지만 일단 발생하면 엄청난 충격과 파급 효과를 가져오는 사건을 가리키는 용어다.
〈블랙 스완〉, 《두산 백과》.

6 _ Jack Nicas, 〈A Tiny Screw Shows Why iPhones Won't Be 'Assembled in U.S.A.'〉, 《The New York Times》, 2019. 1. 28.

7 _ Henry Kissinger, 〈Kissinger Takes Lunch With the FT〉, 《Financial Times》, 2018. 7. 20. 김진호, 〈트럼프의 '몬테네그로 때리기' 뒤엔 서방과 러시아 '나토 갈등'〉, 《경향신문》, 2018. 7. 28.에서 재인용.

8 _ 안병진, 《예정된 위기 – 북한은 제2의 쿠바가 될 것인가?》, 모던아카이브, 2018.

9 _ 파커 J. 파머(김찬호·정하린 譯), 《모든 것의 가장자리에서》, 글항아리, 2018, 218쪽.

10 _ David Rothkoph, 《Running the World: The Inside Story of the National Security Council and the Architects of American Power》, 2005, p. 224.

11 _ 파커 J. 파머(김찬호·정하린 譯), 《모든 것의 가장자리에서》, 글항아리, 2018, 173쪽.

12 _ 일대일로란 중국 주도의 '신(新)실크로드 전략 구상'으로, 내륙과 해상의 실크로드 경제 벨트를 지칭한다. 2014년부터 2049년까지 35년간 고대 동서양의 교통로인 현대판 실크로드를 다시 구축해, 중국과 주변 국가의 경제·무역 합작 확대의 길을 연다는 대규모 프로젝트다. 2013년 시진핑 주석의 제안으로 시작되었으며, 2017년 현재 100여 개 국가 및 국제기구가 참여하고 있다. 내륙 3개, 해상 2개 등 총 5개의 노선으로 추진되고 있다. 〈일대일로〉, 《중국 현대를 읽는 키워드 100》.

13 _ Antony J. Blinken, 〈No People. No Process. No Policy.〉, 《The New York Times》, 2019. 1. 29.

14 _ Kai Ryssdal, 〈The full interview: President Obama defends the TPP〉, 《Marketplace》, 2015. 10. 6.

15 _ 마이크 데이비스(김영희·한기욱 譯), 《미국의 꿈에 갇힌 사람들》, 창작과비평사, 1994, 132쪽.

16 _ John Judis, 《The Populist Explosion》, 2016, p. 34.

17 _ 비트 세대(Beat Generation)는 1920년대 대공황이 있었던 상실의 시대(Lost Era)에 태어나 2차 세계 대전을 직접 체험한 세대로서, 전후 50년대와 60년대 삶에 안주하지 못하고 사회로부터 '매정한 대접(beating)'을 받았던, 특히 동시대의 사회와 문화 구조에 저항한 특정한 문학가와 예술가의 그룹을 의미한다. 비트 세대에 의한 비트 문화 운동은 1950년대에 시작되었으며, 샌프란시스코의 노스비치, 캘리포니아의 베니스 웨스

트, 뉴욕시의 그리니치빌리지 등지의 보헤미아 예술가 그룹들이 그 중심이 되었다. 이 운동의 지지자들은 자신들의 스타일을 '비트'라고 자처했으나 사람들은 그들을 비트닉스(beatniks)라는 조롱조의 명칭으로 불렀다. 그들은 자신들이 관습적이고 획일적인 사회에서 벗어났다는 것을 보여 주기 위해 한결같이 허름한 옷과 태도, 그리고 재즈 음악가들에게서 빌려 온 히피 어휘를 받아들였다. 일반적으로 정치와 사회적 문제에는 관심을 두지 않았으며 마약, 재즈, 섹스, 선불교(禪佛敎)의 수양 등으로 생기는 고도의 감각적 의식을 통한 개인적인 해방·정화·계시를 주창했다.
〈비트 세대〉,《문학 비평 용어 사전》.

18 _ John Judis,《The Populist Explosion》, 2016, p. 346.

19 _ 복지 여왕은 가명으로 위조 신분증을 만들어 정부의 복지 혜택을 수급하고 고급 승용차 캐딜락을 몰고 다닌다는 흑인 여성에게 레이건이 붙인 별명이다.

20 _ 공식적으로 은행법이라 불리며, 상업 은행과 투자 은행을 분리해 각각 고유의 업무에만 종사하도록 규제한 법이다.

21 _ 마이크 데이비스(김영희·한기욱 譯),《미국의 꿈에 갇힌 사람들》, 창작과비평사, 1994, 48쪽.

22 _ Marisa Abrajano and Zoltan L. Hajnal,《White Backlash: Immigration, Race, and American Politics》, 2015, p. 210.

23 _ Marisa Abrajano and Zoltan L. Hajnal,《White Backlash: Immigration, Race, and American Politics》, 2015, p. 2.

24 _ Marisa Abrajano and Zoltan L. Hajnal,《White Backlash: Immigration, Race, and American Politics》, 2015, p. 86.

25 _ 강준만,〈트럼프〉,《인물과사상》, 2016.

26 _ 마이크 데이비스(김영희·한기욱 譯),《미국의 꿈에 갇힌 사람들》, 창작과비평사,

1994, 28쪽.

27 _ David Rothkopf, 《Running The World: The Inside Story of the National Security Council and the Architects of American Power》, 2005, p. 34.

28 _ Brian Klaas, 《The Despot's Apprentice: Donald Trump's Attack on Democracy》, 2017, pp. 14-15.

29 _ 존 루이스 개디스(박건영 譯), 《새로 쓰는 냉전의 역사》, 사회평론, 2002.

30 _ 박세희, 〈트럼프의 당선을 예견한 마이클 무어 감독이 또 무서운 말을 남겼다〉, 《허프포스트 코리아》, 2016. 11. 10. 재인용.

31 _ Antony J. Blinken, 〈No People. No Process. No Policy.〉, 《The New York Times》, 2019. 1. 29.

32 _ Colin Woodard, 《American Nations: A History of the Eleven Rival Regional Cultures of North America》, 2011, p. 317.

33 _ Renewable Energy 100퍼센트의 약어로 기업들의 활동에 필요한 에너지를 재생 에너지를 통해 100퍼센트 공급받는 것을 목표로 삼는 글로벌 캠페인이다. 2014년 시작돼 2018년 현재 구글, 애플, 삼성전자 등 글로벌 대기업 154곳이 가입했다.

34 _ 로빈 우드(이순진 譯), 《(할리우드 영화읽기: 성의 정치학) 베트남에서 레이건까지》, 시각과 언어, 1995.

35 _ Peter Frase, 《Four Futures: Life After Capitalism》, 2016.

36 _ Nassim Taleb, 《Skin in the Game: Hidden Asymmetries in Daily Life》, 2018.

37 _ 가나리 류이치(김진희 譯), 《르포 트럼프 왕국》, AK 커뮤니케이션즈, 2017.

북저널리즘 인사이드 비관의 시대를 넘어
변화를 상상하라

2019년 2월 28일 열린 2차 북미 정상 회담이 '노 딜no deal'로 끝날 줄은 몰랐다. 1년 전만 해도 북미 정상이 두 차례나 만나서 손을 맞잡을 줄 몰랐다. 3년 전에는 도널드 트럼프라는 인물이 미국의 대통령이 될 줄 몰랐다.

    트럼프 미국 대통령의 탄생 이후, 한반도를 비롯한 세계는 한 치 앞을 내다볼 수 없는 암흑 속이다. 인종 차별, 보호 무역을 앞세운 미국 제일주의와 각종 스캔들, 파격적인 북미 정상 회담 추진까지. 우리가 그동안 믿어 왔던 자유와 다양성, 법치, 합리주의라는 틀로는 이해할 수 없는 일들이 잇따르고 있다.

    가장 큰 문제는 트럼프 시대의 불안을 진단하고 처방할 명확한 근거를 찾기 어렵다는 점이다. 북미 정상의 회담이 열렸지만, 휴전 상태를 뒤엎을 만한 평화의 바람도, 개전으로 이어질 만한 충돌의 기미도 분명하게 보이지는 않는다. 보호 무역 조치로 미국과 중국이 갈등하고 있지만 동시에 화해의 제스처도 보인다. 위기인지, 기회인지 알 수 없는 모호한 상황뿐이다.

    미국 정치 전문가인 저자는 모른다는 사실을 인정하는 일에서 희망을 발견할 수 있다고 말한다. 불확실성과 충격의 시대는 이미 도래했고 우리는 기존의 문법을 넘어 새로운 시각에서 답을 찾아야 한다.

    저자는 우선 과거를 살핀다. 세계가 확장되고 연결되었던 제국의 질서가 끝나고, 질서 이탈의 시대가 시작되었다고 말한다. 제국의 논리는 불평등과 격차라는 자본주의 시스템의 오류, 환경 파괴와 지구의 위기라는 인류 생존의 위협을 낳았다. 트럼프는 제국의 붕괴를 알리는 신호탄이 아니라, 붕괴의 결과이자 붕괴의 완성이었다.

미래를 내다보기 위해 중요한 것은 자유주의와 사회주의, 보수와 진보 같은 기성의 이분법적 사고를 넘어서는 생태 문명의 관점이다. 저자는 지구 환경의 심각한 위기가 역설적으로 새로운 사고를 가능케 하는 출발점이 될 수 있다고 진단한다.

이 책은 혼돈의 시대를 이해하기 위한 통찰의 매뉴얼이라고 할 수 있다. 트럼프라는 자유 세계의 파괴적 리더가 탄생하기까지의 과정과 전조를 세밀하게 들여다보는 기회를 준다. 영화와 정치, 사회, 철학 분야 대가들의 사상이 교차하는 흥미롭고 날카로운 분석은 미래를 내다보는 시각을 만드는 과정을 돕는다.

인류가 지금껏 경험한 적 없는 거대한 전환과 위기의 시대를 과거의 문법으로 해석하면 비관적 전망이 나올 뿐이다. 폭넓은 시야에서 세계를 읽고, 생각하고 실천하는 힘을 갖춘다면 우리의 미래는 분명 달라질 것이다.

김하나 에디터